ALEXANDER KAHL

HUNDE SPIELE

KOMPLETTSET

Anpassungen nach Alter, Rasse und Bedürfnissen

DAS GROẞE 7 IN 1 HUNDE-BUCH

Psychologie | Denk- & Intelligenzspiele | Fitness | Familien-Spaß

Umweltschutz: Der Druck erfolgt in chlorfreier Tinte und das säurefreie Papier für den Innenteil des Buches wird von einem Anbieter mit Forest Stewardship Council-Zertifizierung bezogen. Alle Abfälle, die beim Drucken entstehen, werden ordentlich recycelt und verwertet. Der Druck dieses Buches wird über ein Print-on-Demand-Verfahren abgewickelt. So werden nur Bücher angefertigt, die auch benötigt werden. Dies spart Ressourcen und schont die Umwelt.

Inhaltsverzeichnis

Einführung

Die Welt der Hundespiele ist ein unendliches Universum voller Freude, Lernmöglichkeiten und Bindungserfahrungen für Sie und Ihren vierbeinigen Freund. Spiele sind nicht nur eine Quelle der Unterhaltung, sondern auch ein wesentlicher Bestandteil der täglichen Routine Ihres Hundes, der zur körperlichen Fitness, mentalen Stimulation und zur Stärkung Ihrer Beziehung beiträgt. Durch gezielte Spiele können Sie die natürlichen Instinkte Ihres Vierbeiners ansprechen, ihm neue Kommandos und Tricks beibringen und gleichzeitig Verhaltensproblemen, die aus Langeweile entstehen und häufig mit destruktiven Mustern einhergehen, vorbeugen.

Das gemeinsame Spiel stärkt die Bindung zwischen Ihnen und Ihrem Zögling und baut Vertrauen sowie Verständnis auf. Es bietet eine hervorragende Gelegenheit, die Kommunikation zu verbessern und Ihren Zögling besser kennenzulernen. Darüber hinaus sorgt das Spielen für Abwechslung im Alltag Ihres Hundes und trägt zu einem ausgeglichenen und zufriedenen Leben bei. Doch Spielen bewirkt weit mehr als das.

Ähnlich wie beim Menschen, wo Spielen und spielerisches Lernen eine zentrale Rolle in der Entwicklung und beim lebenslangen Lernen spielen, ist das Spiel auch für Hunde eine natürliche und freudvolle Art zu lernen. Es fördert die Kreativität, die Problemlösungsfähigkeiten und die sozialen Interaktionen.

Spielerisches Lernen kann bei Hunden die kognitive Entwicklung fördern und das Gedächtnis stärken. Spiele, die Problemlösung erfordern, wie das Finden von versteckten Leckerlis oder das Lösen von Puzzles, verbessern beispielsweise die geistige Flexibilität und Aufmerksamkeit. Diese Art der geistigen Anregung ist entscheidend, um kognitivem Abbau und Demenz bei älteren Fellnasen vorzubeugen.

Lassen Sie uns gemeinsam erkunden, wie Sie durch gezieltes Spielen die Welt Ihres Hundes bereichern und ihm ein ausgefülltes und abwechslungsreiches Leben ermöglichen können. Egal ob Sie Besitzer eines energiegeladenen Welpen oder eines ruhigen Seniorhundes sind, diese Lektüre bietet für jeden Hund und jedes Alter passende Spielideen, von Tauziehen über Versteckspielen bis hin zu Denksportaufgaben und Doga, also Yoga für Vierbeiner. Entdecken Sie die Freude und die zahlreichen Vorteile, die Spiele für Ihren treuen Begleiter, Ihre Familie und Sie selbst bereithalten.

Doch welches Spiel ist das richtige? Jeder Hund hat seine eigenen Vorlieben und Bedürfnisse, die sich mit Alter und Aktivitätsniveau ändern können. Während manche Vierbeiner sich stundenlang mit einem Knochen beschäftigen, brauchen andere die geistige Herausforderung eines Puzzlespiels oder die Action eines Apportierspiels. Beobachten Sie Ihren Zögling und probieren Sie gemeinsam verschiedene Spiele aus, um herauszufinden, was am meisten Freude bereitet.

Ebenso wie die Möglichkeiten an Spielen ist die Auswahl an Hundespielzeug riesig: Von Kauspielzeug, das für strahlende Hundezähne sorgt, über interaktive Spiele, die Langeweile den Kampf ansagen, bis hin zu knuddeligen Plüschtieren für die Kuschelstunde. Wichtig ist, dass das Spielzeug sicher, langlebig und geeignet für die Größe sowie das Kauverhalten Ihres Hundes ist. Welpen beispielsweise haben besonders scharfe Zähne, welche die Lebensdauer von Spielzeugen drastisch verkürzen.

Falls Sie sich nicht für ein Spielzeug oder Spiel entscheiden können, ist dies umso besser. Abwechslung ist eine einfache Strategie, um Langeweile vorzubeugen. Geben Sie Ihrem Vierbeiner immer eines oder zwei seiner Spielzeuge und wechseln Sie diese nach ein paar Stunden oder einem Tag aus. Somit erhalten Sie die Spannung und überraschen Ihre Fellnase mit neuen Optionen.

Dieses Austauschen hat auch den Vorteil, dass Sie die Hundespielzeuge eingehend betrachten können. Das Spielzeug sollte regelmäßig auf Verschleiß geprüft werden, um Risiken wie Verschlucken oder Ersticken zu vermeiden. Darüber hinaus ist Hygiene wichtig. Spielzeug sollte regelmäßig gereinigt werden, um es frei von Keimen und Bakterien zu halten. Auf eine leichte Reinigung können Sie bereits beim Kauf oder, falls Sie das Spielzeug selbst bauen, bei der Herstellung achten.

Vorsicht, Gift! Beachte TÜV-Siegel, um mir schadstofffreie Spielzeuge zu kaufen. Natürlicher Kautschuk ist ein beliebtes Material, das viele Hersteller verwenden.

Ziel dieses Ratgebers ist es, Ihnen Möglichkeiten aufzuzeigen, durch die Sie mittels interaktiver Spiele und Übungen die

Lebensqualität Ihres Hundes verbessern. Dieses Buch bietet Ihnen eine abwechslungsreiche Auswahl an Spielen, die speziell darauf ausgelegt sind, die unterschiedlichsten Bedürfnisse Ihres tierischen Begleiters zu erfüllen – von der Stärkung des Geruchssinns über die Förderung der Problemlösungskompetenz bis hin zur Verbesserung der körperlichen Ausdauer. Vom Welpen bis zum Seniorenhund, von Spielen für drinnen bis draußen bleibt nichts unbeachtet. Gemeinsam sehen wir uns Spiele für kleine und große Rassen an und gehen auf Spiele für die ganze Familie sowie für Fellnasen mit mentalen oder körperlichen Einschränkungen ein. Probieren Sie es aus: Sie werden schnell feststellen, dass das Spiel eine der schönsten Arten ist, Liebe und Freude mit Ihrem treuen Begleiter zu teilen.

1

Grundlagen der Hundepsychologie und -physiologie

Die Welt unserer Fellnasen ist faszinierend und komplex. Ein tiefgreifendes Verständnis der Hundepsychologie und -physiologie ist essenziell, um das Wohlbefinden, die Gesundheit und das Verhalten unserer vierbeinigen Begleiter zu fördern. Die Hundepsychologie beschäftigt sich mit dem Verhalten, den Emotionen und den Denkprozessen der Hunde, während die Physiologie die biologischen und körperlichen Aspekte ihres Lebens betrachtet.

Durch das Verstehen der Hundepsychologie können wir lernen, die Signale und die Körpersprache unserer tierischen Begleiter richtig zu deuten. Dies verbessert die Kommunikation zwischen Hund und Halter und hilft, Missverständnisse zu vermeiden. Einblicke in die psychologischen Aspekte können uns dabei helfen, unerwünschtes Verhalten zu verstehen und zu korrigieren. Dies beinhaltet das Erkennen von Stresssignalen, Angstverhalten und Aggression sowie das Anwenden positiver Verstärkung und angemessener Trainingsmethoden.

Die Kenntnis der Physiologie hilft, die Anzeichen von Krankheiten oder Beschwerden bei unseren Hunden frühzeitig zu erkennen. Dies kann eine zeitnahe Behandlung ermöglichen und die Lebensqualität und -dauer unserer tierischen Familienmitglieder signifikant verbessern.

Das Wissen um die Grundlagen der Hundepsychologie und -physiologie ist nicht nur für Hundetrainer oder Veterinärmediziner von Bedeutung, sondern auch für jeden, der das Leben eines Hundes bereichern möchte. Es versetzt uns in die Lage, verantwortungsvolle Entscheidungen für die Pflege, Erziehung und das allgemeine Wohlergehen unserer treuen Begleiter zu treffen.

Hunde sind nicht nur Tiere, die auf unsere Pflege angewiesen sind, sondern sie sind auch komplexe Wesen mit tiefen emotionalen und mentalen Bedürfnissen, die verstanden und respektiert werden müssen. So können wir eine Umgebung schaffen, die das Wohlbefinden unserer Vierbeiner unterstützt. Dies umfasst eine angemessene Ernährung, ausreichende Bewegung, mentale Stimulation und eine sichere, liebevolle Umgebung.

Verstehen Sie Ihren Hund: Mentale und emotionale Bedürfnisse

Hunde leben im Hier und Jetzt; ihre emotionale Welt ist direkt und unverfälscht. Die Art, wie wir auf ihre Bedürfnisse und Emotionen reagieren, beeinflusst nicht nur ihr Wohlbefinden, sondern auch die Art und Weise, wie sie die Welt um sich herum wahrnehmen und mit ihr interagieren.

Die Welt aus Hundesicht ist eine Welt voller Gerüche, Geräusche und visueller Eindrücke, die sie viel intensiver wahrnehmen als wir. Ein Spaziergang im Park beispielsweise ist für eine Fellnase eine Explosion von Gerüchen und Geräuschen. Es gibt bei diesem Abenteuer, das ihre Neugier weckt und ihren Geist anregt, unendlich viel zu entdecken. Vom Rascheln im Busch bis hin zu verlockenden Düften aus der Mülltonne.

Versuchen Sie, sich in Ihren Vierbeiner hineinzuversetzen und die Welt aus seiner Perspektive zu betrachten. Hunde erleben eine breite Palette von Emotionen. Sie können unter anderem Freude, Liebe, Angst, Traurigkeit, Schmerz und Eifersucht empfinden.

Die Freude eines Hundes ist unverkennbar und einer der reinen Glücksmomente, die sie mit uns teilen. Ein wedelnder Schwanz, ein aufgeregtes Springen oder das freudige Hecheln, wenn Sie nach Hause kommen, sind klare Anzeichen für seine Zufriedenheit und Aufregung. Unsere tierischen Begleiter zeigen ihre Freude auch, indem sie Spielzeug bringen oder auffordernd vor uns herumtänzeln, um zu spielen oder spazieren zu gehen. Manche sprechen von grinsenden Hunden, wenn die Vierbeiner mit blitzenden Augen, nach oben gezogenen Lefzen und offenem Maul vor ihnen stehen.

Hunde können selbstverständlich auch Traurigkeit empfinden, besonders bei Veränderungen in ihrer Umgebung oder Routine, wie dem Verlust eines Familienmitglieds, sei dieses menschlich oder tierisch, oder bei zu wenig Aufmerksamkeit und Interaktion. Anzeichen von Traurigkeit können verminderter Appetit, weniger Interesse an Spielen oder Spaziergängen und ein allgemein niedergeschlagener Zustand sein. Dies kann bis hin zu einer Depression führen. Ein Hund beispielsweise, der sich nach dem Umzug in ein neues Zuhause zurückzieht und weniger Interesse an Interaktionen zeigt, könnte Schwierigkeiten haben, sich anzupassen, und sich traurig fühlen. Denn Hunde sind Gewohnheitstiere. Sie brauchen eine Routine im Tagesablauf und ein gewohntes Umfeld, um sich sicher und geborgen zu fühlen. Änderungen führen zu Stress, den die Vierbeiner unterschiedlich gut verkraften.

Angst ist eine emotionale Reaktion, die durch laute Geräusche, fremde Menschen oder Umgebungen und bestimmte Situationen ausgelöst wird. Zeichen von Angst können Zittern, Winseln, Hecheln oder Verstecken sein. Langfristiger Stress sowie andauernde Angst können zu Verhaltensauffälligkeiten und gesundheitlichen Problemen führen. Wenn Ihr Hund zum Beispiel bei Gewittern zittert oder sich bei Besuchen beim Tierarzt versteckt, sind dies klare Zeichen für Angst und Stress.

Hunde sind hochgradig soziale Tiere, die tiefe Bindungen aufbauen. Sie zeigen ihre Liebe und Zuneigung durch Lecken, Kuscheln, sanftes Anstoßen mit der Nase oder einfach dadurch, dass sie in Ihrer Nähe sein möchten. Legt Ihr Hund sich beispielsweise an Ihre Seite, während Sie auf der Couch sitzen, oder leckt er sanft an Ihrer Hand? Diese Gesten drücken seine Liebe und sein Vertrauen aus. Die Pflege Ihres Hundes, wie das sanfte Streicheln oder Bürsten, stärkt die Bindung und das Gefühl der Zugehörigkeit.

Wie gehen wir mit diesem Wissen um? Kommunizieren Sie! Kommunikation geht über verbale Befehle hinaus. Unsere Fellnasen sind Meister der nonverbalen Kommunikation, nutzen Körpersprache, Augenkontakt und Lautäußerungen, um ihre Bedürfnisse und Gefühle auszudrücken. Ein tiefes Verständnis dieser nonverbalen Kommunikationsformen kann die Beziehung zwischen Ihnen und Ihrem Hund erheblich verbessern, da es Ihnen ermöglicht, auf einer tieferen, empathischeren Ebene zu interagieren. Betrachten wir diese nonverbale Kommunikation und Körpersprache genauer.

Hunde beobachten ständig die Körpersprache ihres Halters und ziehen daraus Schlüsse über dessen Gemütszustand und die beabsichtigten Aktionen. Eine aufrechte, ruhige Haltung kann Sicherheit vermitteln, während hektische Bewegungen oder eine angespannte Muskulatur Unruhe oder Unsicherheit signalisieren können. Unsere Fellnasen sind in der Lage, selbst feinste Änderungen in unserer Körperhaltung wahrzunehmen und darauf zu reagieren.

Gesten sind ein weiteres wichtiges Element der nonverbalen Kommunikation. Die Vierbeiner lernen, bestimmte Handbewegungen mit Kommandos oder Erwartungen zu verknüpfen. Das Zeigen mit dem Finger oder ein Wink, der das Öffnen einer Tür andeutet, sind einfache Beispiele, wie Gesten zur Kommunikation mit Ihrem Zögling verwendet werden können.

Der Austausch von Blicken kann eine mächtige Form der Kommunikation sein. Während anhaltender Blickkontakt in der Hundewelt überwiegend als bedrohlich interpretiert wird, signalisiert ein sanfter, liebevoller Blick mit Blinzeln Vertrauen und Zuneigung.

Unsere Vierbeiner sind sehr sensibel für die emotionale Ausstrahlung ihrer Halter. Sie können Freude, Traurigkeit, Stress oder Entspannung in uns wahrnehmen und reagieren entsprechend. Ein Hund kann beispielsweise mit einem niederwerfenden Blick oder einem sanften Anlehnen reagieren, wenn er spürt, dass sein Herrchen traurig ist, um Trost zu spenden. Umgekehrt kann die freudige und energiegeladene Haltung eines Menschen den Zögling zu Spiel und Spaß animieren.

Hunde spiegeln das Verhalten und die Emotionen ihrer Halter wider, weshalb eine ruhige und ausgeglichene Haltung zu einem ruhigeren und ausgeglicheneren Haustier führen kann. Durch bewusstes Kontrollieren unserer eigenen Körpersprache und unserer Emotionen können wir die Kommunikation mit unserem Hund verbessern und Missverständnisse vermeiden.

Gerüche spielen in der Welt der Fellnasen eine zentrale Rolle. Sie können Informationen über den emotionalen Zustand mittels der Gerüche wahrnehmen, die wir absondern und die sich je nach Stimmungslage unterscheiden. Hunde sind in der Lage, diese subtilen Unterschiede zu erkennen und darauf zu reagieren. Das bedeutet, dass sogar unsere körperliche und emotionale Verfassung, die sich in unserem Geruch widerspiegelt, Teil der Kommunikation mit unserer Fellnase ist.

Neben diesen universellen Kommunikationsformen gibt es individuelle sowie rassenspezifische Unterschiede: Jede Hunderasse hat ihre eigenen einzigartigen physischen und psychischen Bedürfnisse. Ein Border Collie benötigt beispielsweise viel geistige und körperliche Auslastung, während ein Chihuahua möglicherweise mehr emotionale Unterstützung und weniger intensive körperliche Aktivität benötigt.

So unterschiedlich unsere tierischen Familienmitglieder auch sein mögen, ein grundlegendes Bedürfnis aller Fellnasen ist emotionale Sicherheit. Ein stabiles, liebevolles Umfeld gibt Ihrem Hund das Gefühl der Sicherheit und des Vertrauens. Zeigen Sie Geduld, Verständnis und Konsistenz in Ihrer Fürsorge und Erziehung, um die emotionale Gesundheit Ihres Hundes zu unterstützen.

Körperliche Gesundheit: Was Ihr Hund braucht

Die körperliche Gesundheit Ihrer Fellnase ist ein unverzichtbarer Aspekt für ein langes, unbeschwertes und aktives Leben an Ihrer Seite. Eine angemessene Pflege umfasst mehr als nur regelmäßige Besuche beim Tierarzt; sie erfordert eine ganzheitliche Betrachtung des Wohlbefindens Ihres Vierbeiners. Hunde benötigen, wie auch wir Menschen, eine ausbalancierte Mischung aus folgenden Aspekten, um gesund und zufrieden zu sein: eine ausgewogene Ernährung getreu dem Motto „Du bist, was du isst", ansprechende Reize und ausreichend Bewegung, eine präventive Gesundheitsvorsorge sowie genügend Ruhe und Erholung. Lassen Sie uns diese Punkte nun gemeinsam betrachten.

Die Ernährung spielt eine zentrale Rolle in der körperlichen Gesundheit unserer Hunde und beeinflusst direkt ihr Wohlbefinden, ihre Vitalität und ihre Lebenserwartung. Eine ausgewogene Ernährung, die alle notwendigen Nährstoffe enthält, ist essenziell für die Aufrechterhaltung einer optimalen Gesundheit. Die Auswahl des richtigen Futters kann allerdings eine Herausforderung sein, da die Bedürfnisse je nach Rasse, Alter, Gewicht und Gesundheitszustand variieren und es diverse Ansätze und Meinungen gibt, wie auch bei der menschlichen Ernährung. Hochwertiges Futter, das alle notwendigen Vitamine, Mineralien und Proteine enthält, ist entscheidend für die Erhaltung der Energie, des Fellzustands und der allgemeinen Vitalität Ihres Hundes. Verschiedene Ernährungsformen bieten unterschiedliche Vorteile und können je nach den individuellen Bedürfnissen und Gesundheitszuständen des Tieres angepasst werden. Im Folgenden werden einige gängige Ernährungsformen für Hunde erläutert:

Trockenfutter ist aufgrund seiner Bequemlichkeit und Langlebigkeit eine beliebte Wahl unter Hundebesitzern. Es kann dazu beitragen, die Zähne sauber zu halten, indem es die Bildung von Zahnstein reduziert. Trockenfutter ist in der Regel energiedichter, was bedeutet, dass kleinere Mengen benötigt werden, um den täglichen Energiebedarf eines Hundes zu decken. Außerdem muss hier darauf geachtet werden, dass Ihr Vierbeiner genügend trinkt.

Tipp: Leg einmal eine Portion Trockenfutter in eine große Schüssel Wasser mit ein wenig Essig. Du wirst staunen, welches Volumen das Futter annimmt. Das ist ein Grund, warum viele meiner Artgenossen übergewichtig sind.

Nassfutter hat einen hohen Feuchtigkeitsgehalt, was besonders vorteilhaft für Vierbeiner sein kann, die nicht genügend Flüssigkeit aufnehmen oder anfällig für Harnwegserkrankungen sind. Es ist schmackhafter und kann daher für wählerische Esser oder ältere Hunde, die ihren Appetit oder einige Zähne verloren haben, eine gute Wahl sein. Nassfutter ist jedoch in der Regel etwas teurer und muss nach dem Öffnen gekühlt werden, um seine Frische zu bewahren.

Wenn du meine Ernährung umstellen möchtest, dann bitte schrittweise. Ansonsten kann ich Verdauungsprobleme wie Durchfall oder Erbrechen bekommen. 7 bis 10 Tage für die Umstellung sind ok. So könntest du es machen: Tag 1–3: ¾ altes Futter, ¼ neues. Tag 4–6: ½ altes Futter, ½ neues. Tag 7–9: ¼ altes Futter, ¾ neues.

Barfen ist die Abkürzung für „Biologisch Artgerechtes Rohes Futter“ und basiert auf der Fütterung von rohem Fleisch, Knochen, Organen und kleinen Mengen an Obst, Gemüse und Kräutern. Befürworter dieser Ernährungsform argumentieren, dass sie den natürlichen Fressgewohnheiten von Hunden am nächsten kommt und zu einer verbesserten Gesundheit führt. Es ist jedoch wichtig, sich gründlich zu informieren und sicherzustellen, dass die Diät ausgewogen ist, um Mangelerscheinungen zu vermeiden. Eine unsachgemäße Handhabung von rohem Fleisch kann zudem ein Risiko für bakterielle Kontaminationen darstellen.

Tipp: Ich mag am liebsten einen gesunden Mix aus verschiedenem Futter. Du möchtest doch auch nicht tagein, tagaus nur dasselbe auf dem Teller haben, oder? Durch eine ausgewogene Ernährung erhalte ich alle wesentlichen Vitamine, Mineralstoffe etc. Außerdem freut sich mein Gaumen über die Abwechslung.

Eine vegetarische Ernährung für Hunde kann aus ethischen Gründen oder aufgrund von Gesundheitsproblemen in Betracht gezogen werden. Obwohl die Fellnasen als Allesfresser gelten, ist es entscheidend, bei einer vegetarischen Diät besonders darauf zu achten, dass alle notwendigen Nährstoffe, insbesondere Proteine, Vitamine und Mineralien, in ausreichender Menge zugeführt werden.

Unabhängig von meiner Ernährungsform ist es wichtig, dass du mich regelmäßig zum Tierarzt bringst, um meine Gesundheit zu überwachen und meine Ernährung bei Bedarf anzupassen.

Wie baut man die gewonnenen Kalorien nun ab? Bewegung ist nicht nur für die Aufrechterhaltung eines gesunden Gewichts wichtig, sondern auch für die geistige Gesundheit. Regelmäßige Spaziergänge, Spiele im Freien und Trainingsübungen fördern die körperliche Fitness und stärken die Bindung zwischen Ihnen und Ihrem Vierbeiner. Die tägliche Aktivität hilft zudem, Verhaltensproblemen, die aus Langeweile und überschüssiger Energie resultieren, wie übermäßigem Bellen, Kauen oder Buddeln, vorzubeugen.

Hunde sind von Natur aus neugierige Tiere, die ihre Umgebung erforschen und verstehen möchten. Durch die Bereitstellung vielfältiger Reize wie neuer Gerüche, Spielzeuge oder Umgebungen werden ihre Sinne angeregt und ihre kognitive Leistungsfähigkeit gestärkt. Ähnlich wie beim Menschen kann regelmäßige Bewegung und mentale Stimulation dazu beitragen, Stress und Angst bei Hunden zu reduzieren. Übungen und Spiele, die Konzentration und Problemlösungsfähigkeiten erfordern, fördern ein Gefühl der Zufriedenheit und des Erfolgs, was die psychische Gesundheit positiv beeinflusst.

Die Exposition gegenüber verschiedenen Reizen und Situationen hilft Hunden, flexibel und anpassungsfähig zu bleiben. Dies ist besonders wichtig in einer Welt, die ständig Veränderungen unterworfen ist. Hunde, die gelernt haben, mit unterschiedlichen Umgebungen und Herausforderungen umzugehen, zeigen sich selbstbewusster und weniger ängstlich in neuen Situationen. Training, Spielen oder einfach nur das gemeinsame Erkunden neuer Orte bauen Vertrauen und Verständnis auf und vertiefen die emotionale Verbindung.

Vorsorgeuntersuchungen beim Tierarzt sind entscheidend, um potenzielle Gesundheitsprobleme frühzeitig zu erkennen und zu behandeln. Dazu gehören regelmäßige Impfungen, Entwurmungen und die Kontrolle auf Parasiten wie Flöhe und Zecken. Die präventive Gesundheitsfürsorge umfasst auch die Pflege von Zähnen, Ohren und Krallen, um Infektionen und andere Probleme zu vermeiden.

Lieber ist es mir natürlich, wenn ich gar nicht erst oft zum Tierarzt muss. Am besten hilfst du mir dabei, wenn du beim gemeinsamen Kuscheln und Spielen regelmäßig darauf achtest, ob dir etwas seltsam vorkommt – ich zum Beispiel hinke, mir eine Zecke eingefangen habe oder sonst etwas. Schließlich sind wir ständig zusammen und du kennst mich am besten.

Das mentale Wohlbefinden ist eng mit der körperlichen Gesundheit verbunden. Stress, Angst und Langeweile können sich negativ auf die körperliche Verfassung Ihres Hundes auswirken. Stellen Sie sicher, dass Ihre Fellnase genügend geistige Anregung durch Spiele, Training und Interaktion erhält, um ein ausgeglichenes und zufriedenes Leben zu führen.

Ausreichend Ruhe und ein sicherer, bequemer Schlafplatz sind für die Erholung und Gesundheit Ihres Hundes unerlässlich. Ein eigener Ruhebereich, an dem sich Ihr Vierbeiner zurückziehen kann, unterstützt das emotionale Wohlbefinden und bietet einen sicheren Hafen für Entspannung und Schlaf. Beachten Sie, dass gerade bei neuen Begegnungen, häufigen Übungen oder Reisen eine große Menge an Impressionen auf Ihre Fellnase einprasseln. Dies kann zu einem höheren Bedarf an Ruhe und Schlaf führen, um das Erlebte zu verarbeiten.

2

Spiele für jede Altersstufe: Welpen bis Senioren

Jede Altersstufe bringt ihre eigenen Bedürfnisse und Möglichkeiten mit sich, an die sich Spiele anpassen lassen. Dieses Kapitel bietet einen Leitfaden, um Ihren tierischen Begleiter durch alle Lebensphasen hindurch aktiv und glücklich zu halten – von der Frühförderung junger Welpen über die Energie ausgewachsener Hunde bis hin zur sanften Stimulation älterer Vierbeiner. Doch worin genau liegen die Differenzen?

Unterschiede zwischen Spielen für Welpen und ausgewachsene Hunde

Die Unterscheidung zwischen Spielen für ausgewachsene Hunde und Welpen basiert auf ihren physischen und psychischen Entwicklungsstufen. Während bei Welpen der Fokus auf leichten, erzieherischen und sozialisierenden Spielen liegt, können ausgewachsene Hunde an komplexen und körperlich anspruchsvollen Aktivitäten teilnehmen.

Ausgewachsene Fellnasen haben eine höhere körperliche Belastbarkeit und mehr Ausdauer. Sie können daher an schwierigeren und länger andauernden Aktivitäten teilnehmen. Bei Welpen hingegen befinden sich die Knochen und Gelenke noch in der Entwicklung, was bedeutet, dass ihre Spiele weniger intensiv und kürzer sein sollten, um Überbelastungen zu vermeiden.

Wenn du dich fragst, wie viel Anstrengung du mir als Welpe zumuten kannst, halte dich einfach an diese Formel: Nimm mein Alter in Wochen und schon hast du die Minuten für die maximale Zeit eines Spaziergangs. Mal angenommen ich bin 10 Wochen alt – dann sollte ich maximal 10 Minuten am Stück mit dir laufen. Das schaffe ich, ohne mich zu überlasten. Dafür können wir diese kurzen Spaziergänge gerne öfter unternehmen – von mir aus alle zwei bis drei Stunden kurz vor die Tür, dann kann ich mich auch gleich draußen erleichtern.

Bei Welpen liegt der Schwerpunkt der Spiele auf Sozialisierung, Grundgehorsam und der Erkundung der Welt. Spiele für den vierbeinigen Nachwuchs sind einfacher gestaltet und zielen darauf ab, Vertrauen und Bindung aufzubauen sowie grundlegende Kommandos auf spielerische Weise einzuführen. Adulte Hunde hingegen können sich länger konzentrieren und komplexere Aufgaben bewältigen. Spiele, die fortgeschrittene Gehorsamkeitsübungen, Problemlösung und Tricks einschließen, sind ideal, um ihre geistige Stimulation zu fördern.

Obwohl Sozialisierung in jedem Alter wichtig ist, haben ausgewachsene Hunde in der Regel bereits eine Grundlage an sozialen Fähigkeiten. Spiele können dazu genutzt werden, diese weiterzuentwickeln oder zu erhalten, insbesondere in Bezug auf die Interaktion mit anderen Tieren und Menschen. Bei Welpen hingegen ist die Sozialisierungsphase entscheidend für ihre weitere Entwicklung. Spiele, die positive Interaktionen mit unterschiedlichen Menschen, Hunden und Umgebungen beinhalten, sind essenziell, um die Entstehung von Ängsten zu vermeiden und ein gesundes Sozialverhalten zu fördern.

Aufgrund ihres Wachstums und ihrer Neugier müssen Spiele für Welpen besonders sicher gestaltet sein, um Verletzungen oder das Verschlucken von kleinen Teilen zu vermeiden. Der Schutz vor Überanstrengung und die Förderung einer gesunden Entwicklung stehen im Vordergrund. Obwohl ausgewachsene Vierbeiner robuster sind, sollten die Spiele dennoch ebenfalls so gewählt werden, dass sie keine gesundheitlichen Risiken darstellen, dies gilt besonders bei Hunden mit Vorerkrankungen oder speziellen Bedürfnissen.

Bedürfnisse und Fähigkeiten von Seniorhunden

Viele Seniorenhunde leiden unter gesundheitlichen Problemen wie Arthritis, Dysplasie, reduzierter Mobilität oder nachlassender Seh- und Hörfähigkeit. Spiele für ältere Hunde sollten daher weniger körperlich anstrengend sein und den Fokus auf leichte Bewegung legen, um die Gelenke zu schonen und das Wohlbefinden zu fördern. Die älteren Fellnasen haben ein geringeres Energieniveau und können nicht so lange oder intensiv spielen wie ihre jüngeren Artgenossen.

Während die körperliche Aktivität bei Seniorenhunden eingeschränkt sein kann, ist geistige Stimulation umso wichtiger. Puzzlespiele, Schnüffelspiele oder einfache Suchaufgaben können helfen, den Geist aktiv und das Gedächtnis scharf zu halten, ohne den Körper zu überfordern.

Unser Geruchssinn entwickelt sich unser ganzes Leben lang weiter. Daher bieten sich Schnüffelspiele vor allem für ältere Hunde wie mich an, um uns zu fordern und unsere Stärken zu nutzen.

Spiele, die die enge Bindung zwischen Hund und Halter fördern, sind besonders für Seniorenhunde wichtig. Sanfte Streicheleinheiten, ruhiges Sprechen und leichte Massage können als beruhigende Aktivitäten dienen, die das Wohlbefinden fördern und zugleich die Durchblutung anregen und die Dehnbarkeit erhöhen. Physiotherapie für Hunde eignet sich hier ebenso wie spezielle Massagen für Hunde. Beides können Sie als Halter spielend leicht erlernen und dabei eine gute gemeinsame Zeit mit Ihrem Vierbeiner verbringen.

Tipps für ein erfolgreiches Spiel

Ein erfolgreiches Spiel mit Hunden hängt von mehreren Faktoren ab, die sowohl die Freude als auch die Sicherheit der Fellnase während des Spiels sicherstellen. Hier sind einige Tipps, die Ihnen und Ihrem vierbeinigen Freund helfen können, das Beste aus der Spielzeit herauszuholen:

1. Jeder Hund ist einzigartig, mit eigenen Vorlieben und Abneigungen. Beobachten Sie, welche Arten von Spielen und Spielzeug Ihr tierischer Begleiter bevorzugt, und passen Sie die Spielzeit entsprechend an.

2. Verwenden Sie positive Verstärkungen wie Lob und Leckerlis, um gewünschtes Verhalten während des Spiels zu verstärken. Dies kann besonders hilfreich sein, um gute Spielgewohnheiten zu fördern, wie das sanfte Nehmen von Spielzeug aus Ihrer Hand.
3. Legen Sie klare Regeln für das Spiel fest und bleiben Sie konsistent. Dies hilft Ihrem Hund zu verstehen, wo die Grenzen sind, und erhöht die Sicherheit.
4. Behalten Sie Ihren Vierbeiner während der Spielzeit im Auge, besonders wenn neue Spielzeuge oder Spiele eingeführt werden. Dies gewährleistet nicht nur die Sicherheit, sondern hilft auch dabei, die Reaktionen Ihres Tieres auf verschiedene Spielarten zu beobachten.
5. Engagieren Sie sich aktiv mit Ihrem Hund während der Spielzeit. Interaktive Spiele wie Apportieren, Ziehen und Versteckspielen fördern die Bindung und bieten sowohl mentale als auch physische Stimulation.
6. Achten Sie darauf, dass Ihr Zögling nicht überanstrengt wird. Pausen sind wichtig, besonders bei intensiven Spielen, alten oder jungen Tieren und bei heißem Wetter.
7. Nutzen Sie die Spielzeit, um Trainingseinheiten zu integrieren. Kommandos wie Sitz, Bleib oder Komm können in eine spielerische Umgebung eingebettet werden, was das Lernen für den Zögling unterhaltsamer macht.
8. Die Körpersprache Ihres Hundes kann Ihnen viel darüber verraten, wie er sich fühlt. Achten Sie auf Anzeichen von Stress oder Unbehagen und passen Sie das Spiel entsprechend an.
9. Starten und beenden Sie die Spiele mit etwas Bekanntem, sodass Ihr Vierbeiner mit einem Erfolgserlebnis beginnt und die Spielzeit positiv endet.

10. Beginnen Sie mit einfachen Spielen und steigern Sie allmählich die Schwierigkeit, um die Sinne und Fähigkeiten Ihres Vierbeiners weiter zu schärfen. Sorgen Sie zu Beginn für wenig Ablenkung, dies können Sie später lockern.
11. Haben Sie Geduld. Jeder Hund lernt in seinem eigenen Tempo. Wenn er Schwierigkeiten hat, geben Sie ihm leichte Hinweise oder gehen Sie bei dem Spiel einen Schritt zurück.

Frühförderung für Welpen

Spiele für Welpen sind mehr als nur Spaß; sie sind entscheidende Bausteine für die Entwicklung und das Wachstum Ihres jungen Hundes. Durch eine Kombination aus physischer Aktivität, mentaler Stimulation und sozialer Interaktion bieten diese Spiele eine umfassende Frühförderung, die Ihrem Welpen hilft, zu einem gesunden, ausgeglichenen und gut sozialisierten Hund heranzuwachsen. Hier sind einige Spiele, die sich speziell für die Förderung von Welpen eignen:

1 Tauziehen

Tauziehen ist ein großartiges Spiel, um die Kiefermuskulatur Ihres Welpen zu stärken und ihm beizubringen, wie man sanft mit Gegenständen im Maul umgeht. Darüber hinaus baut das Ziehen Stress bei Ihrem Vierbeiner ab. Es ist wichtig, klare Regeln zu setzen, um sicherzustellen, dass das Spiel nicht zu ruppig wird und Ihr Welpe lernt, auf Kommando loszulassen. Dies fördert gutes Benehmen und Selbstkontrolle.

1. Wählen Sie ein geeignetes Tauziehspielzeug. Es sollte robust sein, aus ungiftigem Material bestehen und eine angemessene Größe für das Maul Ihres Welpen haben. Weiche Seile oder spezielle Welpen-Tauziehspielzeuge sind ideal. Diese können Sie auch leicht selbst herstellen, wie in einem der folgenden Kapitel erläutert wird.

Achtung, zu heftige Bewegungen können meiner Wirbelsäule und meinem Nacken schaden. Lass es uns beim Spielen daher nicht übertreiben und lieber kontrolliert angehen.

2. Sobald Ihr Welpe das Spielzeug mit dem Maul ergriffen hat, beginnen Sie vorsichtig, daran zu ziehen. Halten Sie die Kraft sehr gering, um nicht die Zähne oder den Kiefer Ihres Welpen zu beschädigen. Das Ziel ist es, den natürlichen Spieltrieb zu wecken, nicht einen Kraftwettbewerb auszutragen. Dennoch sollten Sie das Spiel beenden, wenn Sie das Spielzeug in der Hand haben. Das demonstriert Ihre Überlegenheit.

Wenn ich mal etwas im Maul habe, lass ich nicht so schnell wieder los. Da musst du mir meist schon ein Leckerli als Alternative anbieten. Falls ich doch loslasse und von dir dafür überschwängliches Lob erhalte, bin ich beim nächsten Mal motivierter, wieder von alleine loszulassen.

2 Apportieren

Apportieren ist ein Klassiker, der hilft, die körperliche Gesundheit, Aufmerksamkeit und das Rückruftraining Ihres Welpen zu unterstützen. Es fördert die körperliche Aktivität, stärkt die Bindung und kann als Grundlage für weitere Trainingsübungen dienen.

1. Beginnen Sie mit einem leichten, gut greifbaren Spielzeug. Es sollte groß genug sein, um nicht versehentlich verschluckt zu werden, aber klein genug, damit der Welpe es bequem tragen kann.
2. Wecken Sie das Interesse Ihres Welpen am Spielzeug, indem Sie es vor ihm bewegen, es werfen oder es bewundern.
3. Werfen Sie das Spielzeug zu Beginn nur eine kurze Distanz weit. Es kann hilfreich sein, in einem begrenzten Raum zu beginnen, damit der Welpe nicht zu sehr abgelenkt wird und sich auf das Spielzeug konzentriert.
4. Sobald Ihr Welpe das Spielzeug gefangen hat, ermutigen Sie ihn, zu Ihnen zurückzukehren. Sie können dies tun, indem Sie sich auf den Boden setzen, ihn fröhlich rufen, ein weiteres Spielzeug zeigen oder ein Leckerli als Anreiz verwenden.
5. Wenn Ihr Welpe zu Ihnen zurückgekehrt ist, bieten Sie ihm ein Leckerli oder ein anderes Spielzeug im Tausch gegen das apportierte Spielzeug an. Und loben Sie ihn überschwänglich.
6. Ab dem Zeitpunkt, ab dem Ihr Welpe das Konzept des Apportierens verstanden hat, können Sie allmählich die Distanz erhöhen, über die Sie das Spielzeug werfen. Stellen Sie sicher, dass Ihr Welpe dabei immer erfolgreich ist und Spaß am Spiel hat.

Apportieren sollte immer eine positive Erfahrung für mich sein. Nimm mir das Spielzeug nicht gewaltsam aus dem Maul und übe auch keinen Druck aus, wenn ich das Spielzeug nicht sofort zurückbringen möchte. Ich verspreche, beim nächsten Mal klappt es schon etwas besser.

3 Sozialisierungsspiele

Sozialisierung ist ein wesentlicher Aspekt in der Entwicklung eines Welpen. Organisieren Sie Spielverabredungen mit anderen Welpen oder gut sozialisierten älteren Hunden. Diese Interaktionen sind wichtig, um Ihrem Zögling beizubringen, wie man sicher und angemessen mit anderen Vierbeinern kommuniziert und spielt. Häufig gibt es Welpengruppen. Weiten Sie die Begegnungen Ihres Welpen auch auf Menschen im Alltag aus und nehmen Sie sich beispielsweise früh die Zeit, Ihren Hund positiv mit dem Postboten vertraut zu machen.

So sehr ich mich über neue Freunde freue, lass mir zu Beginn lieber die Zeit, mich langsam an die Situation heranzutasten. Und manchmal brauche ich einen Rückzugsort, um Ermüdung und Überreizung zu vermeiden. Mehrere kurze, positive Begegnungen helfen mir mehr, mich daran zu gewöhnen, als wenige lange. Sei mir nicht böse, wenn wir manchmal Pläne ändern müssen – nicht an jedem Tag bin ich bereit für neue Sozialkontakte.

4 Folge mir

Das Ziel dieses Spiels ist es, Ihrem Hund beizubringen, Ihnen zu folgen und auf seinen Namen oder Rückrufkommandos zu reagieren. Diese Spiele sind grundlegend für das Gehorsamkeitstraining und fördern die Aufmerksamkeit des Welpen.

1. Beginnen Sie in einem ruhigen Raum oder einem eingezäunten Bereich ohne Ablenkungen.
2. Halten Sie einige Leckerlis oder das Lieblingsspielzeug Ihres Hundes bereit, um sein Interesse zu wecken.
3. Bewegen Sie sich rückwärts oder in verschiedene Richtungen und ermutigen Sie Ihren Zögling, Ihnen zu folgen, indem Sie seine Aufmerksamkeit mit den Leckerlis oder dem Spielzeug auf sich ziehen.
4. Jedes Mal, wenn Ihr Hund Ihnen folgt, loben und belohnen Sie ihn.
5. Steigern Sie allmählich die Herausforderung, indem Sie das Spiel in Umgebungen mit mehr Ablenkungen durchführen.

5 Rückrufspiele

Rückrufspiele zielen darauf ab, die Zuverlässigkeit des Rückrufkommandos (Hier, Komm etc.) zu verbessern, sodass Ihr tierisches Familienmitglied lernt, auf Befehl zu Ihnen zurückzukehren.

1. Starten Sie in einer sicheren Umgebung. Haben Sie Leckerlis oder ein Spielzeug zur Hand, um Ihren Hund zu belohnen.
2. Gehen Sie ein kurzes Stück von Ihrem Vierbeiner weg und rufen Sie ihn dann mit einem klaren und fröhlichen Tonfall.

Verwenden Sie ein spezifisches Wort oder einen Pfiff als Rückrufsignal.

3. Wenn Ihr Welpe zu Ihnen kommt, belohnen Sie ihn sofort mit einem Leckerli oder Spielzeug, um das gewünschte Verhalten positiv zu verstärken.

Dein Rückrufkommando weckt in mir freudige Erwartung auf etwas Positives – da mache ich mich sofort auf den Weg. Wenn mich dann plötzlich etwas Unangenehmes erwartet und du zum Beispiel mit mir schimpfst, kann mich das leicht verwirren und in mir eine negative Assoziation entstehen.

6 Ball-Rollen

Anstatt etwas zu werfen, was für einen jungen Welpen zu anstrengend sein könnte, rollen Sie einen weichen Ball langsam vor ihm her. Dies ermutigt den Welpen, dem Ball zu folgen und ihn mit der Nase oder den Pfoten zu manipulieren, was für den tierischen Nachwuchs eine hervorragende Methode ist, um motorische Fähigkeiten und das Verfolgen beweglicher Objekte zu üben.

Wähle einen Ball für mich aus, der angemessen groß ist, damit ich ihn leicht mit meinem Maul aufnehmen, aber nicht verschlucken kann. Weiche Bälle eignen sich besonders gut für mich als Welpe, um meine Zähne und mein Zahnfleisch zu schützen.

1. Zeigen Sie Ihrem Hund den Ball und wecken Sie sein Interesse daran, indem Sie ihn kurz vor seiner Nase hin und her rollen oder schütteln.
2. Rollen Sie den Ball sanft auf dem Boden weg von Ihrem Welpen. Die Bewegung sollte langsam genug sein, damit Ihr Zögling dem Ball leicht folgen und ihn fangen kann. Für junge Hunde oder Welpen halten Sie die Distanz kurz.
3. Ermutigen Sie Ihren Zögling, den Ball zu Ihnen zurückzubringen, nachdem er ihn gefangen hat. Dies kann am Anfang etwas Übung erfordern. Verwenden Sie Leckerlis oder lobende Worte, um Ihren Hund zu motivieren, den Ball zurückzubringen.
4. Wenn Ihr Hund das Prinzip verstanden hat, können Sie die Distanz, über die Sie den Ball rollen, allmählich erhöhen oder den Ball in unterschiedliche Richtungen rollen, um das Spiel interessanter und herausfordernder zu gestalten.

7 Touch-Spiel

Das Touch-Spiel ist eine beliebte und effektive Trainingsmethode, die auf positiver Verstärkung basiert. Es zielt darauf ab, Ihrem Hund beizubringen, mit seiner Nase leicht Ihre Hand oder einen Gegenstand zu berühren. Dieses Spiel fördert nicht nur die mentale Stimulation, sondern kann auch als Grundlage für weiterführende Trainingsübungen dienen, die Aufmerksamkeit und Gehorsam verbessern. Außerdem kann es in verschiedensten Situationen, etwa beim Tierarztbesuch oder beim Erlernen neuer Tricks, nützlich sein.

1. Halten Sie Ihre flache Hand nahe an die Schnauze Ihres Hundes, aber nicht so nah, dass er sie sofort berührt. Das Ziel ist,

dass er neugierig wird und sich Ihrer Hand nähert. Sie können auch einen speziellen Target-Stick verwenden, wenn Sie möchten, dass Ihr Vierbeiner etwas anderes als Ihre Hand berührt.

2. Sobald Ihr Hund Ihre Hand oder den Target-Stick mit seiner Nase leicht berührt, sagen Sie sofort Touch oder ein anderes Kommando Ihrer Wahl und geben Sie ihm ein Leckerli als Belohnung.

Die sofortige Belohnung hilft mir, die Aktion mit dem Kommando und der positiven Verstärkung zu verknüpfen.

3. Wiederholen Sie den Vorgang mehrmals und erhöhen Sie allmählich den Abstand und die Position Ihrer Hand.
4. Erweitern Sie das Spiel, indem Ihr Hund verschiedene Dinge mit der Schnauze berührt.

Spiele für ausgewachsene Hunde

Ausgewachsene Hunde können selbstverständlich ebenfalls die Spiele erlernen, die im vorherigen Kapitel genannt wurden. Auf der Basis der Welpenspiele lässt sich außerdem auch aufbauen.

8 Apportieren mit Variationen

Erweitern Sie das klassische Apportierspiel, indem Sie Variationen einbauen. Verwenden Sie unterschiedliche Gegenstände wie Frisbees, Bälle unterschiedlicher Größe und Textur oder schwimmfähiges Spielzeug für Apportieren aus dem Wasser. Dies sorgt nicht nur für Abwechslung, sondern trainiert auch die Anpassungsfähigkeit und Geschicklichkeit Ihres Hundes.

9 Apportieren mit Auswahl

Das Spiel Apportieren mit Auswahl stellt eine anspruchsvolle Variation dar, indem es nicht nur die körperliche Aktivität des Hundes fördert, sondern auch seine kognitiven Fähigkeiten und Entscheidungsfähigkeiten herausfordert. In diesem Spiel lernt der Vierbeiner, aus einer Auswahl von Gegenständen oder Spielzeugen dasjenige zu apportieren, das von seinem Halter benannt wird. Dieses Spiel ist besonders nützlich, um die Kommunikation zwischen Ihnen und Ihrem Hund zu verbessern.

10 Namen lernen

Das Spiel Namen lernen ist eine unterhaltsame und bildende Aktivität, die darauf abzielt, die kognitive Fähigkeit Ihres Hundes zu verbessern, indem er lernt, Spielzeuge oder Gegenstände anhand ihres Namens zu identifizieren und zu unterscheiden.

1. Beginnen Sie mit zwei bis drei unterschiedlichen Spielzeugen oder Gegenständen, die sich deutlich voneinander unterschei-

den, sowohl in Form als auch Farbe. Geben Sie jedem Spielzeug oder Gegenstand einen eindeutigen Namen. Wählen Sie kurze, klare Namen, die leicht zu verstehen sind.
2. Nehmen Sie eines der Spielzeuge und zeigen Sie es Ihrem Hund, während Sie deutlich den Namen des Spielzeugs aussprechen. Wiederholen Sie diesen Vorgang mehrmals, um Ihrem Vierbeiner zu helfen, den Namen mit dem Spielzeug zu assoziieren.
3. Platzieren Sie zunächst das benannte Spielzeug zusammen mit einem anderen auf dem Boden. Sagen Sie den Namen des einen Spielzeugs und ermutigen Sie Ihren Hund, es zu holen. Wenn er das richtige Spielzeug wählt, loben Sie ihn und geben Sie ihm ein Leckerli als Belohnung.
4. Wenn Ihr Zögling erfolgreich gelernt hat, das erste Spielzeug beim Namen zu erkennen, fügen Sie weitere Spielzeuge hinzu und wiederholen den Prozess. Es ist wichtig, die Namen konsequent zu verwenden und die Auswahl schrittweise zu erweitern.
5. Testen Sie die Erinnerung Ihres Hundes, indem Sie nach einiger Zeit und ohne die Spielzeuge sichtbar zu machen, einen der Namen aussprechen und sehen, ob Ihr Tier das entsprechende Spielzeug holen kann.

11 Bleib-und-Komm-Spiele

Das Spiel Bleib und Komm ist ein grundlegendes, aber äußerst effektives Trainingsspiel, das darauf abzielt, die Gehorsamkeit, die Selbstkontrolle und die Reaktionsfähigkeit Ihres Hundes zu verbessern. Darüber hinaus handelt es sich um eine wichtige Übung, die in vielen Situationen, von alltäglichen Begegnungen bis hin zu potenziell gefährlichen Momenten, von unschätzbarem Wert sein kann.

Lass uns lieber mit einer kurzen Distanz beginnen, besonders wenn ich mit dem Kommando Bleib oder Komm noch nicht vertraut bin.

Basisbefehl Bleib üben:

1. Befehlen Sie Ihrem Hund, sich hinzusetzen oder hinzulegen, und geben Sie ihm dann das Kommando Bleib. Halten Sie eine Handfläche vor sich, als visuelles Kommando.
2. Warten Sie ein paar Sekunden ab, ob Ihr Vierbeiner in seiner Position verharrt, bevor Sie ihn belohnen, um sicherzustellen, dass er das Kommando versteht und befolgt.
3. Beginnen Sie, sich langsam von Ihrem Hund zu entfernen, während Sie weiterhin das Bleib-Signal geben. Die Entfernung sollte zunächst gering sein, zum Beispiel ein oder zwei Schritte.
4. Wenn Ihr Hund bleibt, kehren Sie zu ihm zurück und belohnen Sie ihn mit Lob und einem Leckerli. Erhöhen Sie allmählich die Distanz, gehen Sie mal schnell, mal langsam davon, kramen Sie in der Leckerlitüte oder gehen Sie kurzzeitig aus dem Raum.

Um das Kommando zu verstärken, ist es wichtig, dass du zu mir zurückkommst und nicht mich zu dir rufst.

Komm üben:

1. Lassen Sie Ihren Hund für diese Übung stehen. Geben Sie ihm das Signal, zu bleiben.
2. Nachdem Sie sich ein Stück entfernt haben und Ihr Hund erfolgreich gewartet hat, rufen Sie das Kommando Komm mit einer motivierenden und enthusiastischen Stimme. Als zusätzliches visuelles Signal können Sie die Arme öffnen.
3. Sobald Ihr Hund zu Ihnen kommt, belohnen Sie ihn überschwänglich mit Leckerlis, Streicheleinheiten, Spiel oder Lob.

Hilf mir, deine Kommandos zu unterscheiden, indem du verschiedene Stimmlagen für Bleib (ruhig und fest) und Komm (freudig und einladend) verwendest.

12 Tricks lernen: Gib Pfote

Das Pfotegeben ist ein beliebter Trick, den Fellnasen relativ schnell lernen können.

1. Lassen Sie Ihren Hund sich vor Ihnen hinsetzen und sorgen Sie dafür, dass Sie seine volle Aufmerksamkeit haben. Zeigen Sie ihm, dass Sie ein Leckerli in Ihrer Hand haben, um sein Interesse zu wecken.
2. Halten Sie das Leckerli in einer geschlossenen Hand nahe am Boden, sodass Ihr Zögling es riechen, aber nicht erreichen kann. Einige versuchen instinktiv, mit der Pfote die Hand zu berühren oder zu kratzen, um an das Leckerli zu gelangen. Sobald Ihr Tier Ihre Hand berührt, sagen Sie deutlich das Kommando Pfote.

3. In dem Augenblick, in dem Ihre Fellnase Ihre Hand mit der Pfote berührt, öffnen Sie Ihre Hand und geben ihr das Leckerli. Loben Sie sie gleichzeitig überschwänglich für ihr Verhalten. Wenn Ihr Hund das Leckerli nur mit der Nase stupst oder nicht reagiert, beginnen Sie erneut mit dem Spielablauf.
4. Wiederholen Sie diese Übung mehrmals in kurzen Trainingseinheiten und mit positiven Assoziationen. Mit der Zeit wird Ihr Hund lernen, dass das Berühren Ihrer Hand mit seiner Pfote zu einer Belohnung führt.
5. Wenn Ihr Zögling versteht, was von ihm verlangt wird, können Sie beginnen, das Kommando ohne die sichtbare Leckerli-Hilfe zu geben. Halten Sie Ihre Hand ausgestreckt und sagen Sie das Kommando. Belohnen Sie ihn jedes Mal, wenn er seine Pfote in Ihre Hand legt.

Damit ich es richtig assoziiere, sag das entsprechende Kommando nur dann zu mir, wenn du dir sicher bist, dass ich die gewünschte Aktion durchführen werde, oder während ich sie gerade mache.

13 Tricks lernen: Männchen

Das Männchenmachen, bei dem ein Hund sich auf seine Hinterbeine stellt und die Vorderpfoten hebt, ist ein unterhaltsamer Trick, der neben der körperlichen auch die geistige Fitness fördert.

1. Halten Sie ein Leckerli in Ihrer Hand so, dass Ihr Hund es sehen und riechen kann. Führen Sie Ihre Hand langsam über die Schnauze Ihres Vierbeiners nach oben und leicht nach

hinten über seinen Kopf. Das Ziel ist, dass Ihr Zögling seinem Instinkt folgt, nach oben zu schauen und zu versuchen, das Leckerli mit den Vorderpfoten zu erreichen, wodurch er in die Männchen-Position gelangt.

2. Sobald Ihr Hund sich auf seine Hinterbeine stellt, loben Sie ihn sofort und geben Sie ihm das Leckerli. Wenn Ihr tierischer Begleiter Schwierigkeiten hat, das Gleichgewicht zu halten, unterstützen Sie ihn sanft oder üben Sie nahe einer Wand, um ihm zusätzliche Sicherheit zu geben.
3. Wenn Ihr Hund beginnt, den Trick zu verstehen, fügen Sie ein verbales Kommando hinzu, zum Beispiel Männchen. Sagen Sie das Kommando deutlich, wenn Ihr Tier sich erhebt, damit es das Kommando mit der Aktion verknüpft.
4. Wiederholen Sie diese Übung in kurzen, aber regelmäßigen Trainingseinheiten. Übertreiben Sie es nicht, um Überanstrengung und Frustration zu vermeiden.

14 Tricks lernen: Rolle

Das Erlernen einer Rolle ist ein fortgeschrittener Trick, der Spaß macht und das Vertrauen sowie die körperliche Agilität Ihres Hundes fördert. Stellen Sie sicher, dass Ihr Zögling die Grundkommandos wie Sitz und Platz beherrscht, da diese als Basis für das Rollen dienen.

1. Starten Sie das Training, indem Sie Ihren Hund in die Platz-Position bringen, sodass er flach auf dem Boden liegt.
2. Halten Sie ein Leckerli nah an die Nase Ihres Hundes und führen Sie seine Schnauze langsam zur Seite und dann in Richtung seiner Schulter, sodass er seinen Kopf drehen muss,

um dem Leckerli zu folgen. Bewegen Sie das Leckerli weiter in einer Bewegung über seine Schulter, sodass er sich motiviert fühlt, sich um seine Achse zu drehen, um dem Leckerli zu folgen. Dies ermutigt ihn, sich auf die Seite zu rollen.

3. Sobald Ihr Vierbeiner beginnt, sich auf die Seite zu drehen, führen Sie das Leckerli weiter in einem Bogen über ihn hinweg, um ihn zu einer vollständigen Rolle zu animieren. Sie müssen eventuell die Bewegung etwas übertreiben, um ihm zu zeigen, was Sie von ihm erwarten.

Unterhaltsames für ältere Hunde

Ältere Hunde haben häufig körperliche Leiden und sind nicht mehr so fit wie ihre jüngeren Artgenossen. Das bedeutet aber nicht, dass sie keine Lust mehr auf Spielen und gemeinsame Aktivitäten haben. Im Folgenden sind einige Inspirationen aufgeführt, die auf Seniorenhunde eingehen.

Wasserspiele bieten allen Fellnasen freudige Zeiten. Vor allem aber für Seniorenhunde sowie Tiere mit Einschränkung sind sie eine wunderbare Möglichkeit, sich zu bewegen und Spaß zu haben, während gleichzeitig die Belastung für ihren Körper minimiert wird. Das Spielen im Wasser bietet älteren Hunden eine sanfte Form der Bewegung, die die Gelenke schont und gleichzeitig die Muskulatur stärkt. Besonders für Hunde mit Arthritis oder anderen altersbedingten Beschwerden kann das Schwimmen eine hervorragende Möglichkeit sein, aktiv zu bleiben, ohne die Gelenke zu belasten.

Grundlegende Tipps

- Beginnen Sie mit flachem Wasser, damit Ihr Seniorhund langsam und ohne Stress das kühle Nass erkunden kann. Ein Planschbecken oder ein flacher Seeuferbereich sind ideal, um zu starten.
- Eine Schwimmweste ist für ältere Vierbeiner besonders empfehlenswert, da sie zusätzlichen Auftrieb bietet und den Hund im Wasser unterstützt. Dies kann besonders für Tiere wichtig sein, deren Beweglichkeit oder Schwimmfähigkeit im Alter nachgelassen hat.
- Halten Sie die Wasserspielzeiten kurz und überwachen Sie stets die Reaktion Ihres Hundes auf die Aktivität. Seniorenhunde ermüden schneller und es ist wichtig, Überanstrengung zu vermeiden. Stellen Sie bei Hitze ausreichend Trinkwasser und Schatten bereit.
- Achten Sie bei kälterem Wetter darauf, dass Ihre Wasserratte nicht auskühlt, besonders nach dem Schwimmen. Ältere Hunde können empfindlicher auf Temperaturschwankungen reagieren. Trocknen Sie Ihren Hund gut ab und sorgen Sie für eine wärmende Decke oder einen sonnigen Platz zum Aufwärmen.

15 Planschbecken-Spaß

Ein einfaches Planschbecken im Garten kann eine großartige Möglichkeit sein, Ihren Hund ans Wasser zu gewöhnen. Füllen Sie das Becken mit einer flachen Wasserschicht, sodass Ihr Vierbeiner hineinsteigen und das Wasser mit den Pfoten berühren kann, ohne zu schwimmen. Viele Hunde genießen es, im Wasser zu planschen und Spielzeug aus dem Becken zu fischen. Dies ist auch für einen Familientag eine ideale Beschäftigung für Groß und Klein.

16 Sprinkler und Wasserschläuche

Das Laufen und Springen durch einen sanft eingestellten Sprinkler oder einen leichten Strahl aus einem Wasserschlauch kann für Hunde sehr vergnüglich sein. Es stimuliert ihre Sinne und ermutigt sie zum Spielen und Herumtollen, während sie sich gleichzeitig abkühlen.

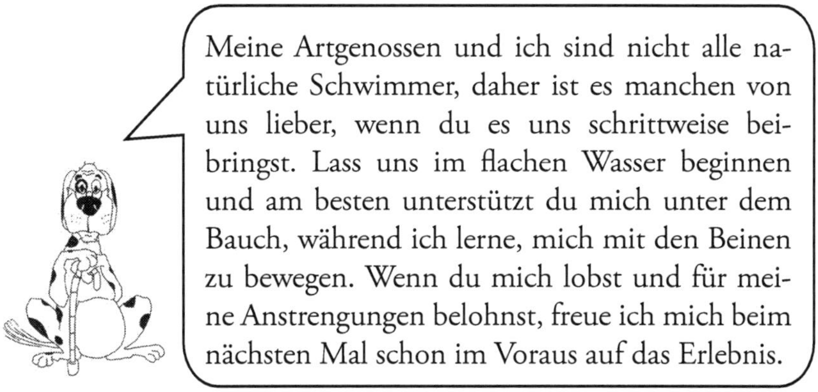

17 Langsame Schatzsuche

Verstecken Sie Leckerlis in Ihrem Haus oder Garten, aber an leicht zugänglichen Orten, die keine großen Anstrengungen oder schnelle Bewegungen erfordern. Diese Art von Schnüffelspiel hilft, den Geruchssinn zu stimulieren und den Geist Ihres Hundes aktiv zu halten, ohne ihn körperlich zu überfordern.

1. Beginnen Sie mit einer einfachen Einführung, um Ihrem Hund das Konzept des Spiels zu erklären. Zeigen Sie ihm eines seiner Lieblingsleckerlis, lassen Sie ihn daran riechen und verstecken Sie es dann an einem leicht sichtbaren Ort. Ermutigen Sie Ihren Vierbeiner, das Leckerli zu suchen. Loben Sie ihn,

wenn er es findet, um die Verbindung zwischen dem Suchen und der Belohnung zu verstärken.

2. Sobald Ihr Hund das Grundkonzept verstanden hat, erhöhen Sie allmählich den Schwierigkeitsgrad, indem Sie die Leckerlis an schwieriger zu findenden Orten verstecken. Beginnen Sie damit, sie hinter Möbelstücken, unter Kissen oder in Ecken zu platzieren.
3. Erweitern Sie den Suchbereich, indem Sie Leckerlis in verschiedenen Räumen verstecken. Sie können die Türen offen lassen oder Ihren Zögling nacheinander in die Räume führen, um ihn zu ermutigen, die gesamte Wohnung zu erkunden.
4. Reduzieren Sie allmählich die Anleitung und lassen Sie Ihren Hund eigenständig suchen. Das Ziel ist es, dass er sich auf seinen Geruchssinn verlässt.
5. Führen Sie Variationen ein, um das Spiel interessant zu halten. Verwenden Sie unterschiedliche Arten von Leckerlis oder verstecken Sie sie in Spielzeugen, die Ihr Hund bewegen oder öffnen muss, um an das Leckerli zu gelangen.

18 Sanftes Apportieren

Eine angepasste Version des Apportierens, bei der ein leichtes Spielzeug über kurze Distanzen geworfen wird, kann auch älteren Hunden Spaß machen. Wählen Sie weiche Spielzeuge, die einfach zu greifen sind, und werfen oder rollen Sie sie nur so weit, wie Ihr Hund bequem laufen kann, ohne sich zu überanstrengen.

Ich spiele gerne mit der ganzen Familie, auch mit den Kids. Da sie oft noch nicht so weit werfen können, ist das optimal für mich. Da fühle ich mich nicht überfordert.

19 Spaziergänge mit Schnüffelpausen

Langsame Spaziergänge mit vielen Pausen, um zu schnüffeln und die Umgebung zu erkunden, können für ältere Hunde sehr bereichernd sein. Diese Spaziergänge fördern die körperliche Aktivität in einem gemäßigten Tempo und bieten geistige Stimulation durch neue Gerüche und Eindrücke.

20 Berührungsspiele

Nutzen Sie sanfte Berührungsspiele, um die Sinne Ihres älteren Hundes zu stimulieren. Lehren Sie ihn, mit der Nase leichte Objekte zu berühren, oder führen Sie seine Pfoten sanft über verschiedene Texturen, beispielsweise auf einem Barfußpfad. Diese Spiele sind niedrigschwellig und fördern die sensorische Wahrnehmung.

Ich vermisse die Lieblingsspiele von uns, als ich noch ein jüngerer Hund war, du auch? Kein Problem – wir können sie einfach anpassen, sodass sie für mein aktuelles Energie- und Mobilitätsniveau geeignet sind. Zum Beispiel können wir die Intensität reduzieren oder die Spiele in eine für mich bequemere, sicherere Umgebung verlegen.

21 Erzähl mir eine Geschichte

Ältere Hunde schätzen einfach die Nähe und Aufmerksamkeit ihrer Menschen. Sprechen oder lesen Sie in ruhigem Ton vor. Ihre Stimme kann beruhigend wirken und eine Form der geistigen Stimulation bieten, besonders für Tiere, die vielleicht nicht mehr so mobil sind. Abends kann das Vorlesen auch im Kreise Ihrer Familie stattfinden. So schlagen Sie mehrere Fliegen mit einer Klappe.

22 Anpassbare Futterbälle

Nutzen Sie Futterbälle oder -spielzeuge, die so eingestellt werden können, dass sie sehr leicht Futter freigeben. Diese Spielzeuge ermutigen ältere Hunde zu leichter Bewegung und bieten gleichzeitig eine Belohnung. Wählen Sie Modelle, die einfach zu rollen sind und keine intensive körperliche Aktivität erfordern.

23 Geduldsspiele

Bieten Sie Ihrer Fellnase Rätsel, die sie in Ruhe und ohne viel Bewegung lösen kann. Solche Aktivitäten halten den Geist beschäftigt und sorgen für Unterhaltung, ohne den älteren Hund zu ermüden.

24 Sonnenbaden

Ältere Hunde profitieren von der Wärme und Entspannung, die Sonnenlicht bietet. Somit kann das Einrichten eines gemütlichen Platzes in der Sonne, wo Ihr Zögling sicher und bequem liegen kann, als eine passive „Spiel“- und Erholungszeit betrachtet werden, die das Wohlbefinden fördert.

25 Beobachtungsspiele

Seniorenhunde, besonders diejenigen, die möglicherweise nicht mehr so mobil sind, können Freude daran finden, die Welt um sie herum zu beobachten. Schaffen Sie eine bequeme Aussichtsplattform an einem Fenster, von wo aus Ihr tierisches Familienmitglied das Geschehen draußen sicher von seinem gemütlichen Ruheplatz aus beobachten kann. Dies kann eine mentale Stimulation bieten und gleichzeitig die Ruhe fördern. Besonders den Veranlagungen von Haus- und Hütehunden kommen Sie mit einem solchen Arrangement entgegen.

3

Spiele für den geistigen Anspruch

Spiele, die den Hund geistig fordern, haben eine zentrale Rolle in der umfassenden Pflege und Entwicklung unserer vierbeinigen Freunde. Diese Art von Spielen geht weit über die reine körperliche Bewegung hinaus und zielt darauf ab, die kognitiven Fähigkeiten zu stimulieren, Problemlösungskompetenzen zu fördern und langfristig für ein gesundes geistiges Wohlbefinden zu sorgen. Die Bedeutung solcher mental anregenden Spiele lässt sich nicht hoch genug einschätzen, da sie dazu beitragen, eine Vielzahl von Bedürfnissen zu erfüllen, die für das Glück und die Gesundheit eines Hundes unerlässlich sind.

Vierbeiner, die geistig unterfordert sind, langweilen sich und neigen eher zu Verhaltensproblemen wie übermäßigem Bellen, Kauen oder Graben. Geistig anregende Spiele fordern ihre Psyche, wodurch unerwünschtes Verhalten vermieden wird. Ähnlich wie beim Menschen kann geistige Stimulation dazu beitragen, kognitive Funktionen zu erhalten und das Risiko von Demenz bei älteren Hunden zu reduzieren. Spiele, die Denken und Problemlösung erfordern, unterstützen die geistige Klarheit und Agilität.

Die Interaktion mit Ihrem Zögling durch Spiele, die geistige Herausforderungen bieten, fördert überdies das Verständnis und die Kommunikation zwischen Ihnen und Ihrem Tier. Diese gemeinsamen Aktivitäten vertiefen die emotionale Verbindung und das gegenseitige Vertrauen.

Denksportaufgaben und Rätsel für Ihren Hund

Geistig anregende Spiele können an das Alter, die Fähigkeiten und sogar die Gesundheitszustände Ihres tierischen Begleiters angepasst werden. Durch das Lösen von Rätseln und das Meistern neuer Herausforderungen entwickeln Tiere Selbstvertrauen und Anpassungsfähigkeit. Diese Spiele bieten eine Plattform für kontinuierliches Lernen und Entwicklung.

26 Welche-Hand-Spiel

Das Spiel, bei dem Ihr Zögling erraten muss, in welcher Ihrer Hände sich das Leckerli befindet, ist eine einfache, aber effektive Übung, die nicht nur Spaß macht, sondern auch die geistigen Fähigkeiten Ihres Hundes fördert. Es schärft seine Beobachtungsgabe und fördert die Entscheidungsfindung.

1. Wählen Sie ein Leckerli, das Ihr Hund besonders mag. Die hohe Belohnung motiviert ihn, sich auf das Spiel einzulassen. Setzen Sie sich damit Ihrem Tier gegenüber in eine ruhige Umgebung, um Ablenkungen zu minimieren.

2. Zeigen Sie ihm zunächst das Leckerli, damit er weiß, was die Belohnung ist. Lassen Sie ihn daran riechen, um sein Interesse zu wecken.
3. Nehmen Sie das Leckerli in eine Hand und schließen Sie beide Hände zu Fäusten. Machen Sie dies so, dass Ihr Vierbeiner nicht sehen kann, in welcher Hand das Leckerli versteckt wird.
4. Bieten Sie Ihrem Zögling beide geschlossenen Hände an und ermutigen Sie ihn, zu wählen. Sie können dies tun, indem Sie ihn verbal dazu auffordern oder einfach die Hände vor ihn halten. Ihr Hund wird wahrscheinlich versuchen, durch Schnüffeln, Lecken oder sogar mit der Pfote zu signalisieren, welche Hand er wählt.
5. Öffnen Sie die ausgewählte Hand. Wenn sich das Leckerli darin befindet, lassen Sie ihn es als Belohnung nehmen. Loben Sie ihn für seine richtige Wahl.
6. Falls er sich irrt, zeigen Sie ihm, in welcher Hand sich das Leckerli tatsächlich befand, um sein Verständnis für das Spiel zu fördern.

27 Lass-es-Spiel

Das Beibringen des Kommandos Aus oder Lass es dient dazu, Ihren Hund dazu zu bringen, etwas, das er im Maul hat, loszulassen. Dies ist ein sehr wichtiger Teil der Erziehung. Es kann nicht nur verhindern, dass Ihr Schützling unerwünschte Gegenstände frisst, sondern ist auch bei Spielen wie Ziehen oder Apportieren nützlich. Gewaltsames Entnehmen des Gegenstands kann zu Verhaltensproblemen führen und das Vertrauen Ihres Hundes mindern. So wird Ihr Vierbeiner mit etwas Übung Gegenstände auf Kommando freigeben:

1. Beginnen Sie mit einem Spielzeug, das Ihr Vierbeiner gerne im Maul hält. Und spielen Sie gemeinsam mit diesem.
2. Stoppen Sie nach einer Weile das Spiel und zeigen Sie Ihrem Vierbeiner stattdessen ein unwiderstehliches Leckerli.
3. Die meisten Hunde werden das Spielzeug fallen lassen, um das Leckerli zu bekommen. Wenn er das tut, loben Sie ihn überschwänglich und geben Sie ihm das Leckerli.
4. Wenn Ihr Zögling das Spielzeug nicht loslässt, berühren Sie es nicht und versuchen Sie nicht, es ihm gewaltsam zu entnehmen. Stattdessen können Sie das Leckerli näher an seine Nase bringen, um es attraktiver zu machen.
5. Sobald Ihre Fellnase die gewünschte Reaktion sicher erbringt, führen Sie ein verbales Kommando wie Lass es oder Aus ein.
6. Üben Sie in verschiedenen Situationen und mit unterschiedlichen Gegenständen, um die Zuverlässigkeit des Kommandos zu erhöhen.
7. Beginnen Sie, das Kommando ohne die sofortige Sichtbarkeit eines Leckerlis zu üben, um sicherzustellen, dass Ihr Hund auch dann gehorcht, wenn er keine offensichtliche Belohnung sieht.

28 Leckerli-Turm

Das Spiel Leckerli-Turm fördert sowohl seine geistigen als auch feinmotorischen Fähigkeiten. Bei diesem Spiel geht es darum, dass Ihr tierischer Begleiter lernt, sorgfältig und geduldig zu agieren, um an seine Belohnung zu gelangen, ohne den Turm zum Einsturz zu bringen.

1. Beginnen Sie damit, einen kleinen Turm aus flachen und gut stapelbaren Leckerlis direkt vor den Augen Ihres Tieres zu

bauen. Die Höhe des Turms sollte an die Größe und die Geschicklichkeit Ihres Vierbeiners angepasst werden – für den Anfang reichen schon drei oder vier Leckerlis übereinander.

2. Bevor Sie Ihren Hund auffordern, sich die Leckerlis zu holen, geben Sie ihm ein spezifisches Kommando oder Signal, das er bereits kennt und das ihn auffordert, zu warten oder innezuhalten (z. B. Warte oder Bleib). Dies hilft, die Selbstkontrolle des Vierbeiners zu fördern.
3. Ermutigen Sie Ihren Vierbeiner nun, sich ein Leckerli vom Turm zu nehmen, ohne dass dieser umfällt. Dies kann er entweder mit der Schnauze oder mit den Pfoten tun. Es ist wichtig, dass Ihr Zögling lernt, behutsam vorzugehen, um die Belohnung zu erhalten.
4. Wenn Ihre Fellnase es schafft, ein Leckerli zu entnehmen, ohne dass der Turm umfällt, loben und belohnen Sie sie sofort mit dem entnommenen Leckerli. Falls der Turm einstürzt, legen Sie das Leckerli zurück und beginnen von vorne. Verwenden Sie das Lass-es-Kommando, um das Fressen des Leckerlis zu verhindern.

Manche von uns brauchen etwas länger, um zu verstehen, wie wir am besten vorgehen. Deine Geduld und positive Verstärkung sind Schlüssel zum Erfolg.

29 Pfoten-Box

Das knifflige Spiel Pfoten-Box ist ideal, um die Neugier und die Problemlösungsfähigkeiten Ihres tierischen Mitspielers zu fördern. Bei diesem Spiel wird Ihr tierischer Begleiter ermutigt, seine Pfoten (und manchmal auch seine Schnauze) zu benutzen, um an versteckte Leckerlis oder Spielzeuge in einer Box zu gelangen.

1. Legen Sie eine Box aus Karton oder Kunststoff auf den Boden und platzieren Sie einige Leckerlis oder Spielzeuge darin. Wenn Ihr Hund zum ersten Mal mit dem Spiel in Berührung kommt, platzieren Sie die Leckerlis so, dass sie teilweise sichtbar sind, um sein Interesse zu wecken.
2. Loben Sie jeden Versuch, sich der Box zu nähern oder sie zu berühren. Die meisten Fellnasen werden versuchen, ihre Schnauze zu benutzen, um an die Leckerlis zu gelangen. Ermutigen Sie Ihren tierischen Zögling sanft, stattdessen seine Pfoten einzusetzen, indem Sie seine Neugier wecken und vielleicht ein Leckerli leicht unter den Rand der Box schieben. Loben und belohnen Sie jeden Versuch, die Pfoten zu benutzen.
3. Sobald Ihr Vierbeiner versteht, dass er seine Pfoten benutzen soll, um an die Belohnungen in der Box zu gelangen, können Sie die Herausforderung erhöhen. Verstecken Sie die Leckerlis tiefer in der Box oder bedecken Sie die Öffnung teilweise mit einem Deckel oder einem Stück Stoff, das Ihr Hund beiseiteschieben muss.

Varianten des Spiels:

- Verwenden Sie mehrere Boxen und verstecken Sie Leckerlis in nur einer oder einigen davon, um das Spiel zu einem Such- und Finde-Spiel zu erweitern.
- Fügen Sie der Box leichte Hindernisse wie Papierbälle oder kleine Spielzeuge hinzu, die Ihr Hund beiseiteschieben muss, um an die Leckerlis zu gelangen.

30 Geruchsunterscheidung

Das Spiel Geruchsunterscheidung ist darauf ausgerichtet, den ausgeprägten Geruchssinn von Hunden zu nutzen und zu fördern. Bei dieser Aktivität lernt der Vierbeiner, zwischen verschiedenen Gerüchen zu unterscheiden und einen spezifischen Duft als Ziel zu identifizieren. Dieses Spiel bietet nicht nur eine hervorragende geistige Stimulation, sondern kann auch als Grundlage für fortgeschrittenere Nasenarbeit oder Suchspiele dienen.

1. Bereiten Sie diverse identisch aussehende Behälter vor, indem Sie in jeden einen anderen Duft geben, wie ätherische Öle, Tees oder Kräuter. Einer der Behälter sollte den Zielgeruch enthalten, also das Lieblingsleckerli oder -spielzeug Ihres Vierbeiners. Achten Sie darauf, dass alle Behälter von außen identisch aussehen und riechen, damit die Fellnase sich ausschließlich auf den Geruch im Inneren konzentriert.
2. Beginnen Sie mit einer einfachen Übung, um Ihrem Vierbeiner das Konzept nahezubringen. Präsentieren Sie ihm zunächst den Behälter mit dem Zielgeruch und lassen Sie ihn daran schnüffeln. Geben Sie ihm eine Belohnung, wenn er Interesse zeigt. Wiederholen Sie diesen Schritt ein paar Mal, um die Assoziation zwischen dem spezifischen Geruch und der Belohnung zu verstärken.
3. Stellen Sie nun zwei Behälter auf den Boden: einen mit dem Zielgeruch und einen ohne. Ermutigen Sie Ihren Hund, beide zu beschnüffeln. Belohnen Sie ihn, wenn er sich länger oder intensiver mit dem Behälter mit dem Zielgeruch beschäftigt.
4. Erhöhen Sie allmählich die Anzahl der Behälter und mischen Sie den Zielgeruch unter mehrere Gerüche. Fordern Sie Ihren

Zögling auf, den richtigen Geruch auszuwählen. Jedes Mal, wenn er den Behälter mit dem Zielgeruch erfolgreich identifiziert, belohnen Sie ihn.

5. Variieren Sie die Gerüche und die Anordnung der Behälter, um das Spiel herausfordernder und interessanter zu gestalten. Sie können auch die Entfernung zwischen den Behältern erhöhen oder das Spiel in verschiedenen Räumen oder im Freien durchführen.

31 Farberkennung

Das Spiel Farberkennung ist eine faszinierende Methode, um die kognitiven Fähigkeiten Ihres Vierbeiners zu fördern und zu testen. Obwohl Hunde Farben anders wahrnehmen als Menschen – sie sehen die Welt hauptsächlich in Blau- und Gelbtönen – können sie dennoch lernen, bestimmte Farben zu unterscheiden und darauf zu reagieren.

1. Beginnen Sie mit zwei Farben, um das Spiel einfach und übersichtlich zu halten. Nehmen Sie beispielsweise ein blaues und ein gelbes Spielzeug und präsentieren Sie diese Ihrer Fellnase.
2. Führen Sie für jede Farbe ein eindeutiges Kommando oder einen Namen ein. Halten Sie beispielsweise das blaue Spielzeug hoch und sagen Sie Blau und zeigen Sie dann das gelbe Spielzeug und sagen Sie Gelb. Wiederholen Sie diesen Schritt

mehrmals täglich, um Ihrem Vierbeiner zu helfen, den Namen mit der Farbe zu verknüpfen.

3. Legen Sie beide Spielzeuge vor Ihren tierischen Mitspieler und bitten Sie ihn, eines der Spielzeuge basierend auf dem benannten Farbkommando zu holen. Zum Beispiel: Wenn Sie Blau sagen, soll Ihr Zögling das blaue Spielzeug wählen. Anfangs kann es hilfreich sein, auf das gewünschte Spielzeug zu zeigen oder es leicht hervorzuheben, um Ihrem Vierbeiner die richtige Wahl zu erleichtern.
4. Belohnen Sie Ihren Hund mit einem Leckerli und Lob, sobald er das richtige Spielzeug basierend auf dem Farbkommando auswählt. Wenn Ihr Tier das falsche Spielzeug wählt, wiederholen Sie das Kommando geduldig und ermutigen Sie es, die richtige Wahl zu treffen.

> Du erleichterst mir den Einstieg, indem du mit klaren, deutlich unterschiedlichen Farben (Blau und Gelb) beginnst.

32 Objektbewegung beobachten

Das Spiel, bei dem Sie ein Objekt langsam unter einem Tuch oder einer Decke bewegen und Ihren tierischen Begleiter dazu anregen, es mit seinen Pfoten oder der Nase zu verfolgen, ist eine spannende und interaktive Weise, um die natürlichen Jagd- und Beutefanginstinkte anzusprechen. Es hilft nicht nur dabei, die Sinne Ihres Hundes zu schärfen, sondern fördert auch seine körperliche Aktivität und geistige Stimulation.

1. Wählen Sie ein Objekt, das sicher für Ihr tierisches Familienmitglied ist und dessen Interesse weckt. Dies kann ein spezielles Spielzeug sein oder ein anderer Gegenstand, der groß genug ist, um nicht versehentlich verschluckt zu werden.
2. Suchen Sie sich eine weiche Unterlage, wie ein Tuch oder eine Decke, die groß genug ist, um das Objekt darunter zu bewegen, ohne dass es sofort sichtbar wird.
3. Zeigen Sie Ihrem Hund zunächst das ausgewählte Objekt, um sein Interesse zu wecken. Lassen Sie ihn damit kurz interagieren, indem er es beschnuppert oder berührt.
4. Legen Sie den Gegenstand nun unter das Tuch oder die Decke, während Ihr Vierbeiner zuschaut. Beginnen Sie dann damit, ihn langsam unter der Decke zu bewegen. Die Bewegung sollte unregelmäßig und interessant sein, ähnlich der Bewegung einer Beute.
5. Loben Sie Ihren Vierbeiner, wenn er Interesse zeigt und das Spielzeug mit seiner Schnauze oder Pfote jagt.
6. Wenn Ihr Hund es schafft, das Objekt zu fangen, indem er es mit seinen Pfoten anhält oder mit der Nase daran stößt, lüften Sie das Tuch und erlauben Sie ihm, mit dem Objekt zu spielen. Dies dient als Belohnung für seine Anstrengungen und seine Geschicklichkeit.

33 Folge dem Pfad

Dieses Spiel ist eine unterhaltsame und lehrreiche Aktivität, die darauf abzielt, die Aufmerksamkeit und das Folgeverhalten Ihres tierischen Mitspielers zu verbessern. Es fördert auch die körperliche Bewegung und kann eine gute Möglichkeit sein, die Bindung zwischen Ihnen und Ihrem Hund zu stärken.

1. Entscheiden Sie sich für ein Material für den Pfad, wie ein langes Seil, eine Decke oder sogar eine Reihe von Handtüchern. Das gewählte Material sollte sicher und bequem begehbar sein.
2. Legen Sie das Material zu einem klar definierten Pfad aus. Sie können mit einer geraden Linie beginnen und später Kurven oder Formen hinzufügen, um die Herausforderung zu erhöhen. Der Pfad sollte in einer sicheren Umgebung ohne Stolperfallen oder scharfe Kanten angelegt werden.
3. Bestimmen Sie ein Ziel am Ende des Pfades. Dies könnte ein Haufen von Lieblingsleckerlis, ein Spielzeug oder sogar eine Person sein, die Ihr Vierbeiner mag. Das Ziel soll als Motivation dienen, den gesamten Pfad zu verfolgen.
4. Führen Sie Ihren Hund zum Anfang des Pfades und ermutigen Sie ihn, dem Pfad zu folgen. Sie können dies tun, indem Sie neben dem Pfad gehen und Ihren tierischen Begleiter anleiten oder ihn mit sanfter Stimme und Gesten ermutigen, dem Pfad zu folgen. Verwenden Sie Leckerlis oder Spielzeug, um ihn den Weg entlangzuführen, falls nötig.
5. Sobald Ihre Fellnase das Ende des Pfades erreicht und das Ziel gefunden hat, belohnen Sie sie überschwänglich mit Leckerlis, Spielzeug oder Streicheleinheiten. Dies verstärkt das positive Verhalten und die erfolgreiche Durchführung der Aufgabe.
6. Nach einigen positiven Durchläufen können Sie den Pfad komplexer gestalten, indem Sie Kurven hinzufügen, den Pfad länger machen oder das Ziel weniger sichtbar platzieren. Dies fördert die kognitiven Fähigkeiten Ihres Hundes weiter und hält das Spiel interessant.

34 Geräuschlokalisierung

Hunde haben ein scharfes Gehör. Dieses machen wir uns im folgenden Spiel zunutze, das die akustische Aufmerksamkeit und die Fähigkeit Ihres tierischen Familienmitgliedes zur Geräuschlokalisierung verbessert. Es basiert auf den natürlichen Instinkten, Geräusche zu identifizieren und deren Quelle zu finden, was nicht nur für mentale Stimulation sorgt, sondern auch praktische Fähigkeiten wie Aufmerksamkeit und Fokussierung fördert.

1. Wählen Sie ein Gerät aus, das regelmäßige, aber leise Geräusche macht. Ein Wecker, ein Timer oder ein Smartphone mit einem leisen Piepton eignen sich gut. Das Geräusch sollte deutlich genug sein, damit Ihr Hund es hören kann, aber nicht so laut, dass es sofort offensichtlich ist, wo es herkommt.
2. Lassen Sie Ihren Zögling zunächst das Geräusch in Ihrer Nähe hören, damit er weiß, wonach er suchen soll. Dies hilft ihm, das spezifische Geräusch mit der bevorstehenden Suchaktivität zu verknüpfen. Sagen Sie dabei mehrmals den Namen des Objektes, um eine Verbindung zu schaffen.
3. Während Ihr Hund wartet oder abgelenkt ist, verstecken Sie das Gerät in einem Bereich, mit dem er vertraut ist, um unnötigen Stress zu vermeiden. Platzieren Sie es an einem Ort, der eine Herausforderung darstellt, aber zugleich erreichbar und sicher ist.
4. Ermutigen Sie Ihren Vierbeiner dazu, das versteckte Gerät zu suchen, indem Sie ein Kommando wie Such verwenden. Falls Ihr Vierbeiner nicht darauf reagiert, gehen Sie gemeinsam mit ihm los und suchen Sie das Geräusch.

5. Beobachten Sie Ihren tierischen Mitspieler während der Suche. Wenn er Schwierigkeiten hat, das Gerät zu finden, geben Sie ihm sanfte Hinweise oder führen Sie ihn näher an die Geräuschquelle heran, ohne sie direkt zu enthüllen.
6. Sobald Ihr Tier das Gerät gefunden hat, belohnen Sie es überschwänglich mit Lob, Streicheleinheiten oder Leckerlis. Dies verstärkt das positive Verhalten.
7. Sie können die Schwierigkeit allmählich erhöhen, indem Sie das Gerät an komplexeren Orten verstecken oder die Lautstärke des Geräusches verringern.

Trainingsspiele zur Förderung der Intelligenz

Trainingsspiele zur Förderung der Intelligenz bei Hunden sind speziell darauf ausgerichtet, die kognitiven Fähigkeiten, das Gedächtnis und die Lernfähigkeit zu verbessern. Diese Spiele regen Ihren tierischen Begleiter nicht nur geistig an, sondern helfen auch dabei, Langeweile zu vermeiden, potenziell destruktives Verhalten zu reduzieren und die Bindung zwischen Tier und Halter zu stärken. Solche Spiele können von einfachen Übungen, die Gedächtnis und Aufmerksamkeit fordern, bis hin zu komplexeren Aufgaben reichen, die eine aktive Problemlösung erfordern.

35 Mimikry-Spiel

Dieses Spiel basiert auf dem Prinzip der Nachahmung, bei dem der Hund lernt, bestimmte Handlungen oder Bewegungen, die Sie ausführen, zu kopieren. Dies kann von einfachen Gesten wie dem Berühren eines Objekts mit der Hand oder Pfote bis hin zu komplexeren Aktionen reichen. Das Spiel ist nicht nur eine hervorragende Möglichkeit, die geistige und körperliche Agilität Ihres Tieres zu verbessern, sondern fördert auch die Bindung und Kommunikation zwischen Ihnen und Ihrem tierischen Freund. Es ist eine spaßige und belohnende Erfahrung, die zeigt, wie aufmerksam und intelligent unsere Fellnasen wirklich sind.

Ein einfacher Einstieg ist es, wenn ich die Geste bereits mit einem Kommando verbinde. Beispielsweise Touch, um etwas mit der Nase zu berühren.

1. Beginnen Sie mit einer klaren und deutlichen Demonstration der gewünschten Handlung. Berühren Sie beispielsweise mit Ihrer Hand ein Objekt, während Ihr Zögling zuschaut. Stellen Sie sicher, dass er Ihre Bewegung genau beobachten kann.
2. Nachdem Sie den Vorgang demonstriert haben, ermutigen Sie Ihren Vierbeiner dazu, Sie nachzuahmen, indem Sie beispielsweise das Kommando für die Geste nennen.
3. Sobald Ihr Zögling die Handlung in irgendeiner Form nachahmt, auch wenn es nur ein annähernder Versuch ist, belohnen Sie ihn sofort. Lob, Streicheleinheiten und Leckerlis sind effektive Verstärkung, die ihm zeigen, dass er auf dem richtigen Weg ist.
4. Wiederholen Sie die Demonstration mehrmals, bis Ihre Fellnase die Handlung zuverlässig nachahmen kann.
5. Sobald Ihr Hund die Grundhandlung gemeistert hat, können Sie allmählich die Komplexität der nachzuahmenden Aktionen steigern. Dies hält das Training herausfordernd und interessant.

36 Zeitverzögerte Leckerli-Suche

Verstecken Sie Leckerlis an einem Ort, den Ihre Schnüffelnase beobachten kann, und warten Sie eine bestimmte Zeit, bevor Sie sie suchen lassen. Dies hilft bei der Impulskontrolle und erschwert die Übung, da viele Leckerlistellen bereits wieder vergessen wurden.

> Lass dein Kind die Suche anleiten. Dieses Spiel fördert meine Nasenarbeit und die Teamarbeit zwischen meinem kleinen Freund und mir.

37 Klangassoziation / Clickertraining

Das Spiel Klangassoziation, auch als Clickertraining bekannt, nutzt das Prinzip der klassischen Konditionierung, um Ihrem Hund beizubringen, einen bestimmten Klang mit einer positiven Erfahrung zu verknüpfen.

1. Wählen Sie einen spezifischen Klang aus, der nicht alltäglich in der Umgebung vorkommt, um Verwirrung zu vermeiden. Dies könnte eine Glocke, ein Pfeifen oder ein spezielles Klickgerät sein.
2. Beginnen Sie das Training in einer ruhigen Umgebung ohne Ablenkungen. Lassen Sie den ausgewählten Klang ertönen und geben Sie Ihrem Tier unmittelbar danach ein Leckerli. Wiederholen Sie diesen Vorgang mehrere Male, sodass Ihr Hund beginnt, den Klang mit der kommenden Belohnung zu assoziieren.
3. Nach mehreren Wiederholungen beobachten Sie, wie Ihr tierisches Familienmitglied auf den Klang reagiert. Ein gut konditionierter Vierbeiner wird seine Aufmerksamkeit sofort auf

Sie richten oder sich Ihnen in Erwartung der Belohnung zuwenden, sobald er den Klang hört.

4. Nun können Sie beginnen, die Klangassoziation in verschiedenen Situationen anzuwenden, um das Verhalten Ihres tierischen Freundes zu steuern oder seine Aufmerksamkeit zu gewinnen. Dies kann besonders nützlich sein, um ihn in Ablenkungssituationen zu Ihnen zurückzurufen.

38 Finde das richtige Kommando

Das folgende Spiel ist eine ausgezeichnete Übung, um die Aufmerksamkeit und die Reaktionsfähigkeit Ihres Hundes zu schärfen. Es testet nicht nur sein Wissen und Verständnis für bekannte Kommandos, sondern fördert auch seine Fähigkeit, sich auf neue Anweisungen zu konzentrieren und darauf zu reagieren.

1. Stellen Sie sicher, dass Ihr Zögling die Grundkommandos bereits gut beherrscht. Wählen Sie zudem ein neues oder selten verwendetes Kommando aus, das Sie in das Spiel integrieren möchten. Halten Sie Leckerlis oder das Lieblingsspielzeug Ihres tierischen Freundes bereit, um ihn für korrektes Verhalten zu belohnen.
2. Beginnen Sie das Spiel, indem Sie die Aufmerksamkeit Ihres Hundes auf sich ziehen. Stellen Sie sicher, dass er bereit und fokussiert ist, bevor Sie mit den Kommandos beginnen.
3. Geben Sie eine Reihe von bekannten Kommandos in schneller Folge, wie Sitz, Platz, Bleib oder Komm. Fügen Sie dann das neue oder selten verwendete Kommando in die Sequenz ein. Die Idee ist, dass Ihr Vierbeiner alle Kommandos befolgt, aber nur für die korrekte Ausführung des spezifischen (neuen oder seltenen) Kommandos belohnt wird.

4. Wenn Ihr Zögling korrekt auf das spezifische Kommando reagiert, belohnen Sie ihn sofort mit einem Leckerli oder Spielzeug und viel Lob. Die unmittelbare Belohnung hilft ihm, die Bedeutung des spezifischen Kommandos zu verstehen und zu lernen, schnell darauf zu reagieren.
5. Wiederholen Sie das Spiel mehrmals, indem Sie die Reihenfolge der Kommandos variieren und das spezifische Kommando jedes Mal ändern. Mit der Zeit können Sie zunehmend neue oder selten verwendete Kommandos einführen, um das Training zu erweitern.

Am besten arbeiten wir zusammen, wenn du mich mit positiver Verstärkung motivierst. Also, wenn ich eine Belohnung für das gewünschte Verhalten bekomme, anstatt mich für Fehler zu bestrafen.

39 Hütchenspiel

Dieses Hütchenspiel basiert auf einem einfachen Prinzip der visuellen Merkfähigkeit, bei dem Ihr tierischer Spielpartner beobachten muss, unter welchem von mehreren umgedrehten Bechern sich ein Leckerli befindet. Das Spiel ist eine hervorragende Übung zur Förderung der Konzentration, des Gedächtnisses und der Problemlösungsfähigkeiten Ihres Hundes.

1. Wählen Sie drei oder mehr umgedrehte Becher aus, die groß genug sind, um ein Leckerli darunter zu verstecken, aber nicht zu schwer, sodass Ihr Tier sie leicht anheben oder umstoßen kann.
2. Beginnen Sie, indem Sie deutlich zeigen, wie Sie eines der Leckerlis unter einem der umgedrehten Becher platzieren. Es ist

wichtig, dass Ihr Hund genau zuschaut, um die Position des Leckerlis zu verinnerlichen.

3. Verändern Sie nun die Stellung der Becher. Das Ziel ist, sie so zu bewegen, dass die ursprüngliche Position des versteckten Leckerlis nicht mehr offensichtlich ist, ohne dass es für Ihren tierischen Mitspieler zu schwierig wird, sich zu erinnern.
4. Ermutigen Sie ihn, den Becher zu finden, unter dem das Leckerli versteckt ist. Dies kann durch Schnüffeln, Anstupsen oder Umwerfen der Becher geschehen. Ein bekanntes Kommando wie Such oder Wo kann dabei hilfreich sein.
5. Wenn Ihr Hund den richtigen Becher wählt und das Leckerli findet, loben Sie ihn sofort und erlauben Sie ihm, das Leckerli zu fressen. Wenn er sich irrt, zeigen Sie ihm ruhig und ohne Strafe, wo das Leckerli versteckt war, um ihn für den nächsten Versuch zu motivieren.
6. Mit fortschreitender Übung können Sie die Anzahl der Becher erhöhen oder die Mischphase komplexer gestalten, um das Spiel herausfordernder zu machen. Achten Sie jedoch darauf, dass es für Ihren tierischen Mitspieler immer lösbar bleibt, um Frustration zu vermeiden.

40/41 Ziehspiele und Schiebespiele

Zieh- und Schiebespiele sind interaktive Beschäftigungen, bei denen Ihr Vierbeiner lernt, wie er durch Ziehen oder Schieben bestimmter Teile eines Spielzeugs an verborgene Belohnungen gelangen kann.

Ziehspiele

Einige Spielzeuge sind mit Seilen oder Griffen ausgestattet, an denen der Vierbeiner mit seiner Schnauze oder seinen Pfoten ziehen muss, um an das versteckte Leckerli zu gelangen. Beispielsweise kann ein Spielzeug eine Schublade oder einen Deckel haben, der geöffnet wird, indem man an einem Seil zieht.

Schiebespiele

Viele interaktive Spielzeuge verfügen über Schieber oder Abdeckungen, unter denen Leckerlis versteckt sind. Der Hund muss lernen, diese Teile zu schieben oder zu drehen, um die Belohnung freizulegen.

Diese interaktiven Spielzeuge, die nach einer Aktion eine Belohnung ergeben, helfen mir, das Konzept von Ursache und Wirkung zu verstehen.

42 Timing-Spiele

Verwenden Sie eine Stoppuhr, um Ihrem tierischen Mitspieler beizubringen, für eine bestimmte Zeitdauer einen Befehl zu befolgen, bevor er eine Belohnung erhält. Erhöhen Sie allmählich die Zeit, um Geduld und Selbstkontrolle zu trainieren.

Verwende für jedes Spiel und jede Trainingsphase ein bestimmtes Kommando sowie eine Geste, um das Ganze zu beenden. Nur so kann ich wissen, dass das Spiel vorbei ist, und mich anderen Dingen zuwenden.

43 Bring mir das Gegenteil

Dieses herausfordernde Spiel setzt voraus, dass Ihre pfiffige Fellnase bereits gelernt hat, Objekte anhand ihres Namens zu identifizieren und zu apportieren. Durch die Einführung des Konzepts von Gegensätzen werden die mentalen Fähigkeiten Ihres tierischen Begleiters auf eine kreative und herausfordernde Weise angeregt.

1. Wählen Sie Paare von Objekten aus, die klare Gegensätze darstellen, wie z. B. ein weiches Stofftier und einen harten Ball.
2. Verbringen Sie ausreichend Zeit damit, Ihrem Hund jedes Objekt einzeln zu zeigen und den Namen mit dem Ball etc. zu verknüpfen, um sicherzustellen, dass er die Namen und die damit verbundenen Objekte versteht.
3. Bitten Sie Ihren Zögling zunächst, eines der Objekte zu holen, indem Sie den direkten Namen verwenden, um seine Fähigkeit, den Befehl auszuführen, zu bestätigen.
4. Sobald Ihr Tier erkannt hat, welches Objekt welchem Namen zugeordnet ist, können Sie damit beginnen, es aufzufordern, das Gegenteil von dem zu bringen, was Sie verlangen. Zum Beispiel, wenn das weiche Spielzeug und der harte Ball vor Ihrem Hund liegen und Sie „Bring mir das Gegenteil von Ball" sagen, sollte Ihre Fellnase das weiche Spielzeug wählen.
5. Wenn Ihr tierischer Kompagnon beginnt, das Spiel zu verstehen, können Sie die Anzahl der Objektpaare erhöhen und verschiedene Kombinationen von Gegensätzen einführen, um das Spiel herausfordernder zu gestalten.

44 Hindernisbahn mit Anweisungen

Um Ihren Vierbeiner rundherum zu fordern, eignet sich dieses Spiel besonders, da es die körperliche Geschicklichkeit Ihres Hundes fördert und gleichzeitig sein Verständnis für spezifische Anweisungen schärft. Die Hindernisbahn mit Anweisungen bietet eine einzigartige Kombination aus körperlichem Training und geistiger Stimulation, die nicht nur zur Gesundheit und zum Wohlbefinden Ihres tierischen Familienmitgliedes beiträgt, sondern auch Ihre Bindung durch gemeinsames Lernen und Spielen stärkt.

1. Wählen Sie Gegenstände für die Hindernisbahn aus, die sicher für Ihren Zögling sind. Dies können Stühle sein, unter denen er kriechen kann, Kissen, über die er springen soll, oder Tunnel, durch die er laufen kann. Die Auswahl sollte auf die Größe, das Alter und die körperlichen Fähigkeiten Ihres Vierbeiners abgestimmt sein.
2. Arrangieren Sie die Hindernisse in einem logischen und sicheren Muster. Achten Sie darauf, genügend Platz zwischen den Objekten zu lassen, damit Ihr Vierbeiner sicher navigieren kann.
3. Beginnen Sie damit, Ihrem tierischen Begleiter jedes Hindernis einzeln vorzustellen. Lassen Sie ihm Zeit, sich mit dem Parcours vertraut zu machen. Wenn er bei einem Gegenstand unsicher ist, demonstrieren Sie, wie das Hindernis zu überwinden ist, und führen Sie ihn gegebenenfalls durch die Bahn.
4. Sobald Ihr Tier versteht, wie jedes Hindernis zu überwinden ist, beginnen Sie, ihn durch die gesamte Hindernisbahn zu führen, indem Sie die spezifischen Anweisungen für jedes Hindernis geben.

5. Belohnen Sie Ihren Vierbeiner jedes Mal, wenn er ein Hindernis erfolgreich überwunden hat. Dies kann durch verbales Lob, Spiel, Streicheleinheiten oder Leckerlis erfolgen.
6. Wenn Ihr Hund mit der Bahn vertraut ist, variieren Sie die Anweisungen, um die geistige Herausforderung zu erhöhen. Sie können beispielsweise die Reihenfolge der Hindernisse ändern oder neue Elemente einführen.
7. Führen Sie zeitliche Herausforderungen ein, um die Geschwindigkeit und Effizienz zu steigern. Dies fördert zusätzlich die körperliche Fitness.

45 Schnüffelmission

Interaktive Spaziergänge, bei denen Ihr tierischer Begleiter auf Schnüffelmission geht, sind eine innovative Methode, um das Gassigehen spannender und geistig anregender zu gestalten. Diese Art von Spiel nutzt die natürliche Neigung zum Schnüffeln und Erkunden und verwandelt einen normalen Spaziergang in ein spannendes Abenteuer. Darüber hinaus fördert es die kognitive Entwicklung durch Problemlösen und ermöglicht es Ihrem Hund, seine natürlichen Instinkte auf positive Weise zu nutzen und zu verfeinern. Dieses Spiel baut auf dem Spiel Geruchsunterscheidung auf.

1. Bevor Sie mit den Schnüffelmissionen beginnen, sollten Sie Ihren Hund darauf trainieren, die ausgewählten Gerüche zu erkennen und zu suchen. Dies kann zu Hause in einer kontrollierten Umgebung beginnen, indem Sie ihn belohnen, wenn er die Gerüche erfolgreich identifiziert.

2. Wählen Sie für Ihre Spaziergänge Routen aus, bei denen Sie wissen, dass die zuvor ausgewählten Gerüche präsent sind, oder bringen Sie die mit den Gerüchen präparierten Gegenstände mit, die Sie im Training verwendet haben.
3. Sobald Sie an einem Punkt angelangt sind, an dem ein Geruch präsent ist, ermutigen Sie Ihre Fellnase dazu, aktiv zu schnüffeln und den Geruch zu suchen. Dies kann verbal geschehen, indem Sie beispielsweise das Kommando Such in Kombination mit dem Geruch sagen, welches Sie zuvor trainiert haben. Beispielsweise Such Leckerli, Such Leberwurst, Such Spielzeug etc.
4. Bleiben Sie geduldig und geben Sie Ihrem tierischen Begleiter genügend Zeit, um den Geruch zu erkunden. Die Suche ist sowohl mental als auch physisch anstrengend.
5. Wenn Ihr Vierbeiner den spezifischen Geruch erfolgreich identifiziert hat, was er möglicherweise durch intensives Schnüffeln, Sitzen oder eine andere von Ihnen trainierte Anzeige signalisiert, belohnen Sie ihn sofort.
6. Um das Spiel interessanter zu gestalten, können Sie die Schwierigkeit allmählich erhöhen, indem Sie seltener vorkommende Gerüche auswählen oder die Geruchsproben an schwieriger zu findenden Stellen platzieren.

46 Musikbasierte Spiele

Musikbasierte Spiele bieten eine einzigartige Möglichkeit, die Beziehung zu vertiefen und die geistige Stimulation durch die Kraft der Musik zu fördern. Hunde können auf verschiedene Musikstile unterschiedlich reagieren, und diese Spiele nutzen diesen Aspekt, um Training und Spielzeit zu einer unterhaltsamen Erfahrung zu machen.

1. Beginnen Sie damit, verschiedene Arten von Musik abzuspielen, und beobachten Sie, wie Ihr tierischer Begleiter darauf reagiert. Einige zeigen Präferenzen für bestimmte Rhythmen oder Melodien.
2. Wählen Sie basierend auf Ihrer Beobachtung ein paar Musikstücke aus, die eine erkennbare Reaktion bei Ihrem Vierbeiner hervorrufen.
3. Entscheiden Sie, welches Verhalten oder welchen Trick Sie mit jedem ausgewählten Musikstück verknüpfen möchten.
4. Spielen Sie das ausgewählte Musikstück und führen Sie Ihren Zögling durch das gewünschte Verhalten oder den Trick. Verwenden Sie dabei die üblichen Kommandos und Gesten, die Ihr musikalischer Zögling bereits kennt. Zum Beispiel könnte eine sanfte Melodie das Signal für Sitz sein, während ein lebhafterer Beat Ihr Tier dazu auffordert, sich zu drehen.
5. Sobald Ihr Hund das gewünschte Verhalten zeigt, belohnen Sie ihn sofort mit Lob und Leckerlis.
6. Wiederholen Sie diesen Vorgang mehrmals, um die Verbindung zwischen dem Musikstück und dem spezifischen Verhalten zu festigen.
7. Wenn Ihr Zögling zuverlässig auf die Musikstücke mit den entsprechenden Verhaltensweisen reagiert, beginnen Sie, das Training in verschiedenen Umgebungen und unter unterschiedlichen Bedingungen zu üben, um die Reaktion Ihres Tieres auf die Musik zu generalisieren.
8. Nachdem Ihr Vierbeiner gelernt hat, auf die ersten Musikstücke mit bestimmten Verhaltensweisen zu reagieren, können Sie beginnen, weitere Lieder und Tricks hinzuzufügen, um das Training abwechslungsreicher und herausfordernder zu gestalten.

Spiele zur selbstständigen Beschäftigung

Selbstbeschäftigungsspiele sind eine hervorragende Möglichkeit, Ihren Hund geistig und körperlich zu fordern, wenn er alleine zu Hause ist oder wenn Sie möchten, dass er lernt, sich alleine zu beschäftigen. Diese Spiele können helfen, Langeweile und damit verbundenes destruktives Verhalten zu reduzieren.

47 Futter-Puzzle-Spiele

Dieses Spiel bedient sich des natürlichen Instinkts Ihres tierischen Begleiters zur Nahrungssuche und Problemlösung, indem er herausfinden muss, wie er an sein Futter oder Leckerlis gelangen kann, die innerhalb eines Puzzle-Spielzeugs versteckt sind. Diese Art von Spielzeug fördert nicht nur die geistige Aktivität, sondern kann auch helfen, schnelles Fressen zu verlangsamen, und bietet eine sinnvolle Beschäftigung, wenn Ihr Zögling alleine ist.

Es gibt verschiedene Arten von Futter-Puzzles auf dem Markt, von einfachen Kugeln, die rollen und dabei Futter freigeben, bis hin zu komplexeren Designs mit Schiebern, Drehknöpfen und versteckten Fächern. Wählen Sie ein Spielzeug, das dem Schwierigkeitsgrad und den Fähigkeiten Ihres Tieres entspricht.

1. Zeigen Sie Ihrem Hund zunächst das Spielzeug und lassen Sie ihn daran schnuppern, damit er das Futter im Inneren wahrnehmen kann. Ermutigen Sie ihn, mit dem Spielzeug zu interagieren, und zeigen Sie ihm gegebenenfalls, wie es funktioniert, indem Sie selbst ein paar Mal leicht damit spielen.
2. Ihr tierischer Kompagnon wird durch Schnüffeln, Lecken, Schieben oder Umdrehen des Spielzeugs versuchen, an die Leckerlis zu gelangen. Diese Phase des Ausprobierens ist wichtig für die geistige Stimulation und fördert die Problemlösungsfähigkeiten und Frustrationstoleranz.
3. Sobald Ihr Hund versteht, wie er an das Futter gelangen kann, können Sie allmählich den Schwierigkeitsgrad erhöhen, indem Sie komplexere Puzzle-Spielzeuge einführen oder die Verstecke für die Leckerlis schwieriger zugänglich machen. Dies hält das Spiel spannend und fordert Ihren Zögling immer wieder aufs Neue heraus.

Bitte reinige mein Puzzle-Spielzeug regelmäßig, damit sich keine Futterreste und Bakterien ansammeln.

48 Kong mit gefrorenem Futter

Ein Kong oder ähnliches robustes Spielzeug, gefüllt mit gefrorenem Futter oder einer leckeren Paste, bietet lang anhaltende Beschäftigung. Das Herausarbeiten des Inhalts fordert sowohl die Schnauze als auch den Geist Ihrer Fellnase.

49 Interaktives Verfolgungsspiel

Verwenden Sie eine ferngesteuerte Spielzeugmaus oder ein ähnliches Gerät, das sicher für Hunde ist, und lassen Sie Ihren tierischen Begleiter das sich bewegende Objekt jagen.

50 Spielzeug mit Versteck

Verstecken Sie ein beliebtes Spielzeug unter einem Handtuch oder einer leichten Decke und ermutigen Sie Ihren tierischen Begleiter dazu, es zu finden. Sie können das Toy auch in einer Kiste voller Papier verstecken und Ihrem Vierbeiner überreichen, bevor Sie gehen. So kann er Ihren Abschied mit etwas Positivem verknüpfen.

51 Leise Spielzeuge für ruhige Stunden

Bereiten Sie eine Auswahl an Spielzeugen vor, die speziell für leises Spiel geeignet sind, wie weiche Stofftiere oder Kauspielzeuge. Diese sind ideal für Hunde, die dazu neigen, beim Spielen Lärm zu machen, und bieten eine ruhigere Beschäftigungsoption.

52 Hundekamera

Mithilfe von Hundekameras können Sie Ihren Zögling während Ihrer Abwesenheit im Auge behalten. Einige Modelle haben zudem ein Mikrofon, um mit Ihrem Vierbeiner zu sprechen, und geben auf Ihr Signal hin Leckerlis frei.

Interaktive App-Spiele

Interaktive App-Spiele für Hunde sind eine moderne und spannende Art, die geistige Stimulation und das Wohlbefinden Ihres Vierbeiners zu fördern. Diese Applikationen sind speziell darauf ausgelegt, die Aufmerksamkeit und die kognitiven Fähigkeiten von Hunden durch das Berühren von Bildschirmen mit der Schnauze oder den Pfoten zu stimulieren.

53 Doggie IQ

Doggie IQ bietet eine Reihe von Puzzles und Denksportaufgaben, die auf einem Tablet oder Smartphone gespielt werden können. Ihr Hund muss bestimmte Symbole oder Formen berühren, um Aufgaben zu lösen und Belohnungen zu erhalten. Die Anforderung steigt schrittweise, um Ihren Vierbeiner kontinuierlich herauszufordern.

54 Puppr

Obwohl Puppr hauptsächlich eine Trainings-App ist, bietet sie auch interaktive Elemente, die Spaß machen und die Lernbereitschaft des Tieres fördern. Sie enthält Anleitungen und Herausforderungen für Tricks und Kommandos, die Sie gemeinsam mit Ihrem tierischen Familienmitglied meistern können.

Verwenden Sie einen Schutz für den Bildschirm Ihres Geräts, um Kratzer durch die Schnauze oder die Pfoten Ihres Hundes zu vermeiden, und beobachten Sie die Reaktionen Ihrer Fellnase. So verhindern Sie, dass Ihr Tablet als Kauspielzeug verwendet wird.

Wie bei allen Aktivitäten sollte auch die Nutzung von Apps in Maßen erfolgen, um Überstimulation zu vermeiden und eine ausgewogene Aktivität zu gewährleisten.

55 Petcube

Petcube ist eine App, die mit einer gleichnamigen Kamera arbeitet und es Ihnen ermöglicht, mit Ihrem Hund zu interagieren, auch wenn Sie nicht zu Hause sind. Sie können Ihr tierisches Familienmitglied durch die Kamera sehen, mit ihm sprechen und sogar Laserpointer-Spiele über die App steuern, um ihn zu Hause zu beschäftigen.

56 Game for Dogs

Diese App präsentiert einfache visuelle Animationen wie sich bewegende Punkte oder kleine Tiere, die über den Bildschirm flitzen. Ihr Vierbeiner wird ermutigt, die bewegten Objekte mit der Schnauze oder den Pfoten zu fangen. Die App kann helfen, den Jagdtrieb des Hundes in einer kontrollierten Umgebung zu stimulieren.

Hundespielzeug einfach selbst basteln

Selbstgemachtes Hundespielzeug kann eine kostengünstige und kreative Möglichkeit sein, Ihren vierbeinigen Freund zu unterhalten. Hier sind einige einfache Ideen, wie Sie Spielzeug für Vierbeiner mit Materialien, die Sie wahrscheinlich schon zu Hause haben, selbst basteln können:

57 Zerrspielzeug aus alten T-Shirts

Zerrspielzeug, auch als Tauziehspielzeug oder Zergel bekannt, ist ideal, um die Zähne Ihres Hundes zu reinigen und gleichzeitig Stress durch Ziehen und Kauen abzubauen.

1. Nehmen Sie ein paar alte T-Shirts und schneiden Sie diese in mindestens drei lange Streifen.
2. Verknoten Sie ein Ende der Streifen und flechten Sie sie dann fest zusammen.
3. Binden Sie das gegenüberliegende Ende fest zusammen, nachdem Sie das Flechten beendet haben, um ein robustes Zerrspielzeug zu bilden.
4. Die Wahl des Materials kann abhängig von der Vorliebe Ihres Hundes und der gewünschten Robustheit des Spielzeugs variieren. Fleecestoffe sind weich und haltbar, während Baumwoll-T-Shirts eine gute Wahl für leichtere Spielzeuge sind.

Für zusätzlichen Spielspaß und Griffigkeit können Sie entlang des geflochtenen Zergels weitere Knoten einarbeiten oder an einem Ende eine Schlaufe bilden. Dies kann besonders beim Zieh- und Zerrspiel hilfreich sein.

58 Flaschenknister-Spielzeug

Nehmen Sie eine leere Plastikflasche und entfernen Sie den Deckel und das Etikett.
Wickeln Sie die Flasche in ein altes T-Shirt oder einen Stoff und verknoten Sie die Enden, sodass die Flasche sicher eingepackt ist. Das Knistern der Flasche regt den Spieltrieb an und bietet eine interessante Textur für Ihren Zögling.

59 Schnüffelball

Schneiden Sie ein Stück Fleece oder einen anderen weichen Stoff in lange Streifen.
Nehmen Sie einen Gummiball mit Löchern, wie einen Wäschetrocknerball, und ziehen Sie die Stoffstreifen durch die Löcher, sodass die Enden herausragen. Verstecken Sie Leckerlis im Ball, um die Schnüffelarbeit zu fördern.

60 Interaktives Futter-Puzzle

Nehmen Sie eine Muffin-Backform und einige Tennisbälle. Platzieren Sie in jedem Muffinloch ein Leckerli und bedecken Sie es mit einem Tennisball. Ihr Hund muss lernen, die Bälle zu entfernen, um an die Leckerlis zu gelangen.

61 Puzzle-Spielzeug aus Karton

Nehmen Sie eine kleine Kartonbox und verstecken Sie darin einige Leckerlis. Schließen Sie die Box und schneiden Sie kleine Löcher hinein – groß genug, dass der Duft der Leckerlis herauskommen kann, aber klein genug, dass Ihr Vierbeiner arbeiten muss, um an sie zu gelangen. Als Variante lassen sich zu einem späteren Zeitpunkt mehrere Boxen verwenden.

62 Socken-Spielzeug

Nehmen Sie eine alte Socke und füllen Sie diese mit zerknülltem Papier oder anderen Socken. Verknoten Sie das offene Ende der Socke. Für zusätzlichen Spaß können Sie eine Klingel oder einen quietschenden Gegenstand im Inneren verstecken.

63 Einfaches Schleuder-Spielzeug

Schneiden Sie zwei Löcher in einen Tennisball. Fädeln Sie ein dünnes Seil oder eine robuste Schnur durch die Löcher und verknoten Sie die Enden, sodass der Ball in der Mitte des Seils sitzt. Sie können ihn nun werfen, indem Sie das Seil schwingen, was für zusätzlichen Spaß beim Apportieren sorgt.

Pass auf, dass ich keine kleinen Teile verschlucken kann und dass das Spielzeug stabil genug ist, falls ich Lust habe, kräftig darauf herumzukauen.

64 Flaschendrehen

Befestigen Sie eine Plastikflasche ohne Deckel an einem Seil oder einer stabilen Schnur und hängen Sie sie so auf, dass sie gerade für den Vierbeiner erreichbar ist. Geben Sie ein paar Trockenfutterstücke oder Leckerlis in die Flasche. Der Hund wird lernen, die Flasche zu drehen oder zu schütteln, um die Leckerlis herauszubekommen. Dieses Spiel ist eine gute Übung für Geschicklichkeit und Geduld.

65 Schnüffelmatte

Eine Schnüffelmatte ist ein interaktives Hundespielzeug, das darauf ausgelegt ist, den natürlichen Schnüffel- und Suchinstinkt einer Fellnase zu fördern. Das Ziel ist es, mithilfe des Geruchssinns die versteckten Belohnungen zu finden und herauszuarbeiten. Um eine Schnüffelmatte zu basteln, benötigen Sie eine rutschfeste Unterlage, wie eine Gummimatte mit Löchern, und mehrere Meter Fleecestoff. Schneiden Sie den Fleecestoff in etwa 2 cm breite und 20 cm lange Streifen. Knoten Sie die Fleecestreifen dann durch die Löcher der Unterlage, indem Sie sie halbieren, je ein Ende durch ein Loch führen und das eine Ende durch die entstandene Schlaufe am anderen Ende ziehen, um sie festzuziehen. Füllen Sie die gesamte Matte so dicht wie möglich, um viele Versteckmöglichkeiten für Leckerlis zu schaffen.

66 Leckerli-Rollen

Nehmen Sie eine leere Toiletten- oder Küchenpapierrolle, verstecken Sie einige Leckerlis darin und verschließen Sie die Enden leicht mit zerknülltem Papier. Ihr Hund wird Spaß daran haben, die Rolle zu erkunden und zu zerstören, um an die Snacks zu gelangen.

67 Bällebad

Füllen Sie eine kleine, hundesichere Wanne oder einen niedrigen Karton mit leichten Bällen und verstecken Sie Leckerlis darunter. Ihr Zögling wird es genießen, durch die Bälle zu wühlen, um die versteckten Schätze zu finden.

4

Körperlich aktive Spiele

Die evolutionäre Prägung der Hunde, die von Wölfen, welche täglich weite Strecken auf der Suche nach Nahrung zurücklegen, abstammen, hat zu einem starken Bewegungsdrang geführt, der bei vielen heutigen Haushunden durch regelmäßige Aktivitäten und Spiele supplementiert werden muss. Die instinktive Bedeutung von Bewegung zeigt sich in der Befriedigung des Jagd- und Erkundungstriebs. Viele Spiele imitieren jagdähnliche Aktivitäten, die den natürlichen Instinkten entsprechen. Zudem ermöglichen Spaziergänge und Erkundungsspiele Hunden, ihr Territorium zu erkunden und zu markieren, was ein tief verwurzeltes Bedürfnis nach Sicherheit und Reviercontrolle befriedigt.

Über die körperlichen Vorteile hinaus bietet Bewegung auch wesentliche psychologische Vorteile: Sie dient als Stimulation, die Langeweile und destruktives Verhalten verhindert, und fördert die geistige Wachsamkeit und die kognitiven Fähigkeiten. Als effektiver Stressabbau aktiviert körperliche Aktivität die Ausschüttung von Endorphinen, den natürlichen Wohlfühlhormonen, die zur emotionalen Ausgeglichenheit beitragen. Spiele, die Interaktion mit anderen Hunden oder Menschen beinhalten, unterstützen zudem die soziale Entwicklung und das Verhalten, ermöglichen positive Interaktionen und können Aggressivität verringern.

Von einfachen Apportierspielen über anspruchsvolle Hindernisbahnen bis hin zu interaktiven Spielen, die das Problemlösungsvermögen fordern – körperlich aktive Spiele sind vielfältig und lassen sich auf die individuellen Fähigkeiten jedes Hundes abstimmen. Diese Spiele bieten nicht nur eine hervorragende Möglichkeit für Ihr tierisches Familienmitglied, um seine überschüssige Energie auf positive Weise zu nutzen, sondern stärken auch die Bindung zwischen Ihnen und Ihrem Zögling.

Bewegungsspiele für drinnen und draußen

Eine regelmäßige Bewegung hält die Muskeln stark, die Gelenke geschmeidig und unterstützt das Herz-Kreislauf-System, was insgesamt zu einer verbesserten Lebensqualität und Langlebigkeit führt. Zudem sind Bewegungsspiele eine exzellente Methode zur geistigen Stimulation. Sie fordern Hunde heraus, Probleme zu lösen, Kommandos zu folgen und neue Fähigkeiten zu erlernen, was geistige Stagnation verhindert und zur mentalen Klarheit beiträgt. Gemeinsame Aktivitäten bauen überdies Vertrauen auf, stärken die soziale Bindung und verbessern die Kommunikation. Ob im Haus oder im Freien, Bewegungsspiele sorgen dafür, dass Hunde unabhängig von Wetter oder Wohnsituation ihrem natürlichen Drang nach Aktivität frönen können.

68 Apportieren im Wasser

Für schwimmfreudige Hunde kann das Apportieren im Wasser eine fantastische Möglichkeit sein, Bewegung und Spaß zu kombinieren und heiße Sommertage zu genießen. Das Spiel verbindet die physische Aktivität des Schwimmens mit der mentalen Herausforderung des Apportierens.

1. Wählen Sie ein Spielzeug, das speziell für das Wasser konzipiert ist, um sicherzustellen, dass es schwimmt und leicht von Ihrem Vierbeiner im Wasser gesehen und aufgenommen werden kann. Es gibt viele Arten von schwimmfähigem Spielzeug auf dem Markt, von Bällen bis hin zu speziellen Apportierspielzeugen.
2. Suchen Sie einen sicheren, hundefreundlichen Ort für das Spiel. Dies könnte ein flacher Teich, ein ruhiger See oder ein sicher eingezäunter Pool sein. Stellen Sie sicher, dass das Wasser sauber und frei von Gefahren wie starken Strömungen, tiefen Stellen oder scharfen Gegenständen unter Wasser ist.
3. Wenn Ihr Vierbeiner nicht bereits an Wasser gewöhnt ist, beginnen Sie damit, ihn langsam und positiv an das kühle Nass heranzuführen. Begleiten Sie ihn ins Wasser und ermutigen Sie ihn mit Gelassenheit und Leckerlis.
4. Sobald sich Ihr Zögling im Wasser wohlfühlt, werfen Sie das Spielzeug eine kurze Distanz. Verwenden Sie ein Kommando wie Hol's! oder Apport!, um Ihren Hund zu ermutigen, das Spielzeug zu holen.
5. In dem Augenblick, in dem Ihr tierischer Spielgefährte erfolgreich apportiert hat, loben Sie ihn überschwänglich und geben ihm gegebenenfalls ein Leckerli als Belohnung.
6. Wiederholen Sie das Werfen des Spielzeugs und steigern Sie dabei allmählich die Distanz, basierend auf dem Komfort und den Fähigkeiten Ihres Zöglings. Achten Sie darauf, dass Ihre Wasserratte nicht überanstrengt wird und ausreichend Pausen erhält, um sich zu erholen.

69 Goldgräber

Verstecken Sie verschiedene Leckerlis oder Teile des täglichen Futters im Garten oder in einem sicheren Außenbereich, indem Sie diese vergraben. Ihr Hund muss dann seinen Geruchssinn einsetzen, um die Verstecke zu finden. Dies simuliert die natürliche Nahrungssuche und fördert sowohl die geistige als auch die physische Aktivität. Für Vierbeiner, die gerne buddeln und mit dem Spielablauf vertraut sind, können Sie einen Teil der Nahrung auch tiefer vergraben.

70 Licht- und Schattenjagd

Das Spiel Licht- und Schattenjagd nutzt die natürliche Neigung von Hunden, sich bewegenden Objekten nachzujagen, und bietet eine unterhaltsame und einfache Möglichkeit, Ihren Vierbeiner im Haus zu beschäftigen. Bei diesem Spiel werden Lichtpunkte oder Schatten verwendet, um die Aufmerksamkeit des Hundes zu wecken und ihn zu animieren, diesen zu folgen. Es ist eine gute Methode, um den Spieltrieb und die Bewegungsfreude zu fördern, sollte aber mit Bedacht eingesetzt werden, um Überstimulation oder Frustration zu vermeiden.

1. Wählen Sie einen Raum mit wenig Licht, damit der Lichtpunkt oder Schatten deutlich sichtbar ist. Achten Sie darauf, dass der Ort sicher und frei von Hindernissen ist, um Verletzungen zu vermeiden.
2. Schalten Sie eine Taschenlampe oder einen Laserpointer ein. Diese sollten speziell für Haustiere konzipiert sein, um sicherzustellen, dass das Licht nicht schädlich für die Augen ist. Alter-

nativ positionieren Sie sich so, dass das natürliche Licht einen deutlich sichtbaren Schatten wirft. Bewegen Sie den Lichtpunkt oder Schatten langsam über den Boden oder die Wände.

3. Bewegen Sie das Ziel zuerst in vorhersehbaren Mustern, um Ihrem Hund die Jagd zu erleichtern, und motivieren Sie ihn, das Ziel zu verfolgen.
4. Beenden Sie das Spiel, bevor Ihr tierischer Mitspieler Zeichen von Überanstrengung oder Frustration zeigt. Es kann hilfreich sein, die Übung mit einer anderen Aktivität abzuschließen, bei der Ihr Hund eine physische Belohnung erhält, wie ein Leckerli oder ein greifbares Spielzeug, um potenzielle Frustration zu minimieren.

> Wie bei allen Spielen, die eine intensive Jagd nach etwas Unfassbarem beinhalten, ist Mäßigung wichtig. Wenn wir zu häufig spielen, kann das zu Obsessionen oder Stress bei mir führen.

71 Task-Parcours

Erstellen Sie einen Parcours mit verschiedenen Stationen, an denen Ihr Hund bestimmte Aufgaben erfüllen muss, um weiterzukommen. Dies kann von einfachen Sitz- und Platz-Kommandos bis hin zu kleinen Geschicklichkeitsübungen reichen. Dieses Spiel fördert das Denkvermögen und die Fähigkeit, Anweisungen zu folgen, und bietet eine umfassende körperliche und geistige Herausforderung sowie jede Menge gemeinsamen Spaß.

1. Wählen Sie einen sicheren Ort: Ein Garten, ein großer Raum im Haus oder ein sicher eingezäunter Bereich sind ideal. Planen Sie dort verschiedene Stationen mit spezifischen Aufgaben, die Ihr tierischer Begleiter erfüllen muss. Berücksichtigen Sie dabei seine Fähigkeiten und sein Trainingsniveau.
2. Führen Sie Ihren Vierbeiner zum Startpunkt des Parcours. Geben Sie klare Kommandos an jeder Station und ermutigen Sie ihn, die Aufgaben zu erfüllen. Belohnen Sie ihn nach jeder erfolgreich absolvierten Station mit Lob, Streicheleinheiten oder Leckerlis.
3. Variieren Sie den Parcours regelmäßig, um die Herausforderung aufrechtzuerhalten und Ihren Hund geistig zu stimulieren.
    - Hier sind einige Ideen für Stationen, die Sie in Ihren Parcours integrieren können:
    - Sitz- und Platz-Kommandos: Starten Sie mit einfachen Kommandos, um die Aufmerksamkeit Ihres Tieres zu gewinnen und es auf die kommenden Herausforderungen vorzubereiten.
    - Slalom: Richten Sie eine Reihe von Kegeln, Stühlen oder anderen Objekten ein, durch die Ihr Hund slalomartig navigieren muss. Dies fördert die Geschicklichkeit und Agilität.
    - Hürdensprung: Bauen Sie niedrige Hürden mit sicheren Materialien, über die Ihr treuer Gefährte springen muss. Beginnen Sie niedrig und variieren Sie bei Bedarf die Höhe.
    - Tunnel: Verwenden Sie einen speziellen Hunde-Tunnel oder improvisieren Sie mit großen Kartons. Ermutigen Sie Ihre Sportskanone dazu, durch den Tunnel zu kriechen oder zu laufen.

- Balanceübung: Ein umgedrehter Teppich oder ein spezielles Balance-Board kann genutzt werden, um die Balance und Konzentration zu schulen.
- Apportieraufgabe: Verstecken Sie ein Spielzeug oder einen Ball an einer Station und befehlen Sie Ihrer Fellnase, das Objekt zu finden und zu Ihnen zurückzubringen.
- Puzzle-Spielzeuge: Als geistige Herausforderung können Puzzle-Spielzeuge oder Futterverstecke, die Ihre Fellnase lösen muss, um an Leckerlis zu gelangen, integriert werden.

72 Versteckte Leckerli-Pfade

Das Spiel Versteckte Leckerli-Pfade ist eine spannende und interaktive Art, den Geruchssinn Ihres Tieres zu stimulieren und zu fördern. Es basiert auf der natürlichen Neigung des Hundes, seiner Nase zu folgen, und bietet eine wunderbare Möglichkeit, sowohl körperliche als auch geistige Aktivität zu kombinieren. Dieses Spiel kann drinnen oder draußen gespielt werden und ist für Hunde aller Altersstufen geeignet.

1. Entscheiden Sie sich für einen sicheren und ruhigen Bereich in Ihrem Haus oder Garten. Wählen Sie eine Reihe von Leckerlis, die stark riechen und für Ihre Fellnase besonders verlockend sind.
2. Beginnen Sie, indem Sie einen einfachen Pfad aus Leckerlis vom Startpunkt aus legen. Sie können die Leckerbissen direkt auf den Boden legen oder sie leicht unter Objekten verstecken, um die Schwierigkeit zu erhöhen. Der Pfad sollte zunächst einfach und geradlinig sein, um Ihrem Hund die Idee des Spiels nahezubringen.

3. Sobald Ihr Vierbeiner versteht, wie das Spiel funktioniert, können Sie beginnen, komplexere Pfade zu erstellen. Diese können Kurven, Kreuzungen oder sogar kleine Hindernisse umfassen. Sie können auch die Abstände zwischen den Leckerlis erhöhen, um die Suche herausfordernder zu gestalten.
4. Am Ende des Pfades können Sie eine Schatzkiste mit einer besonders großen Belohnung platzieren. Dies könnte ein Haufen Leckerlis, ein neues Spielzeug oder ein besonders begehrter Leckerbissen sein, welcher als großer Anreiz für Ihren Hund dient, dem Pfad zu Ende zu folgen.

Variationen des Spiels

- Experimentieren Sie mit verschiedenen Untergründen wie Gras, Teppich oder Sand, um zu sehen, wie gut Ihr tierischer Zögling in unterschiedlichen Umgebungen Leckerlis aufspüren kann.
- Bauen Sie kleine Hindernisse oder Barrieren ein, über die Ihr Hund klettern oder unter denen er durchkriechen muss, um den Pfad zu verfolgen und die Belohnung zu erreichen.
- Variieren Sie die Art der Leckerlis, die Sie verwenden, um das Interesse Ihres Tieres aufrechtzuerhalten und seine Nase immer wieder aufs Neue herauszufordern.

73 Verstecktes Futter finden

Verstecken Sie das Lieblingsfutter Ihres Hundes in verschiedenen Teilen des Hauses oder Gartens und ermutigen Sie ihn, es zu suchen. Dies fördert seinen Geruchssinn und seine natürliche Neigung zur Nahrungssuche und bietet eine hervorragende geistige Stimulation, die Sie mit wenig Aufwand in den Alltag einbauen können.

74 Hindernislauf im Haus

Das Spiel Hindernislauf im Haus ist eine brillante Möglichkeit, um Ihrem Hund eine unterhaltsame und herausfordernde Aktivität zu bieten, besonders an Tagen, an denen das Wetter ein Outdoor-Training nicht zulässt. Durch das Navigieren durch einen Parcours, der aus alltäglichen Gegenständen im Haus besteht, kann Ihr Vierbeiner seine Geschicklichkeit, seine Koordination und sein Problemlösungsvermögen verbessern.

1. Suchen Sie nach sicheren Gegenständen wie Kissen, Stühlen, Kartons oder weichen Spielzeugen, die Sie als Hindernisse verwenden können. Vermeiden Sie scharfe Kanten oder schwere Gegenstände, die umkippen könnten.
2. Ordnen Sie die Gegenstände in Ihrem Wohnzimmer oder einem anderen geeigneten Raum an, um einen interessanten und herausfordernden Parcours zu erstellen. Sie können beispielsweise Kissen als Weichboden für einen Slalom-Kurs verwenden.
3. Lassen Sie Ihren Hund den Parcours zunächst in Ruhe erkunden, um sich mit den verschiedenen Hindernissen vertraut zu machen.
4. Zeigen Sie Ihrem Vierbeiner, wie er jedes Hindernis überwinden kann, indem Sie es selbst vormachen oder sein Lieblingsspielzeug als Anreiz nutzen.
5. Führen Sie Ihren tierischen Begleiter durch den Parcours, indem Sie ihn mit Leckerlis, Spielzeug oder verbalen Kommandos motivieren. Beginnen Sie langsam, um Ihrem Tier Zeit zu geben, jedes Hindernis zu verstehen und zu meistern. Belohnen Sie es bei erfolgreichen Überwindungen von Hindernissen.

6. Ändern Sie den Parcours regelmäßig, indem Sie neue Hindernisse einführen oder die Anordnung ändern, um die geistige Stimulation zu erhöhen und Routine zu vermeiden.
7. Erhöhen Sie allmählich die Schwierigkeit, indem Sie komplexere Hindernisse hinzufügen oder Ihren Hund dazu ermutigen, schneller zu navigieren.

Sportliche Aktivitäten mit Ihrem Hund

Die natürliche Neigung von Hunden zur körperlichen Aktivität ist nicht nur ein Überbleibsel ihrer wilden Vorfahren, sondern spielt auch eine entscheidende Rolle in ihrer heutigen Gesundheit und ihrem Verhalten. Die regelmäßige Aktivität verbessert die körperliche Fitness, indem sie die Muskulatur stärkt, die Herz-Kreislauf-Funktion und die Lungenkapazität verbessert, was insgesamt zu einer höheren Kondition führt.

Zudem hilft Bewegung beim Gewichtsmanagement, sodass das Risiko für Übergewicht sowie für damit verbundene Erkrankungen wie Diabetes, Herzkrankheiten und Gelenkprobleme reduziert wird. Die Gesundheit des Bewegungsapparates wird ebenfalls unterstützt, was die Entwicklung von Erkrankungen wie Arthrose verlangsamen kann.

Kommt Ihnen das bekannt vor? Die positiven Effekte von Sport betreffen Vier- wie Zweibeiner gleichermaßen. Wenn das nicht eine Motivation mehr ist, Ihre Fellnase als Ansporn für sportliche Ziele zu nutzen und Ihnen beiden etwas Gutes zu tun.

Bevor wir loslegen, lass uns herausfinden, ob ich fit genug für die geplante Aktivität bin, besonders wenn du anspruchsvolle oder lange sportliche Betätigungen mit mir vorhast. Ein Check-up beim Tierarzt kann klären, ob nichts gegen unser gemeinsames Abenteuer spricht. Besonders wichtig ist das für meine älteren Artgenossen, solche mit gesundheitlichen Problemen oder Rassen, die für bestimmte Erkrankungen anfällig sind.

Für einige Vierbeiner können intensive Ausdauersportarten ungeeignet sein. Dazu zählen:

- Junge Welpen, da sich deren Knochen, Gelenke und Muskeln noch in der Entwicklungsphase befinden. Intensive Laufaktivitäten können ihre Entwicklung negativ beeinflussen.
- Ältere Hunde; besonders diejenigen, die Anzeichen von Arthritis oder anderen Gelenkproblemen zeigen. Zu fordernder Ausdauersport kann bestehende Beschwerden verschlimmern.
- Hunde mit Gesundheitsproblemen, einschließlich Herz-Kreislauf-Erkrankungen, Atemwegserkrankungen oder Übergewicht. Intensive körperliche Aktivität könnte diese Zustände verschlechtern.
- Bestimmte Rassen wie brachyzephale Rassen (Rassen mit kurzen Nasen), also z. B. Bulldoggen, Pekinesen oder Möpse, können aufgrund ihrer anatomischen Besonderheiten Schwierigkeiten mit der Atmung während intensiver körperlicher Anstrengung haben.
- Hunde, die an einen eher inaktiven Lebensstil gewöhnt sind, sollten nicht plötzlich intensiven Laufaktivitäten ausgesetzt werden.

Eine allmähliche Steigerung der körperlichen Aktivität ist erforderlich, um Überanstrengung und Verletzungen zu vermeiden.

Diese Übungen sind für mich geeignet, wenn ich bereits grundlegende Kommandos wie Sitz, Bleib und Komm beherrsche und über ein gutes Leinentraining verfüge.

75 Joggen

Joggen ist eine der einfachsten Möglichkeiten, gemeinsam aktiv zu sein. Es ist ideal für Hunde mit viel Energie und fördert die Ausdauer. Zudem ist diese Sportart beliebt und kann rund ums Jahr weltweit bei jedem Wetter stattfinden. Es ist jedoch wichtig, schrittweise vorzugehen, um sicherzustellen, dass sowohl Sie als auch Ihr Vierbeiner Freude an dieser Aktivität haben und gesund bleiben.

1. Verwenden Sie eine geeignete Leine und ein Geschirr, die für das Joggen konzipiert sind. Eine Joggingleine mit Bauchgurt kann besonders praktisch sein, da sie Ihnen die Hände frei lässt und gleichzeitig Kontrolle über Ihren Hund ermöglicht. Vergewissern Sie sich auch, dass Ihr tierischer Begleiter gut sichtbar ist, besonders wenn Sie frühmorgens oder spätabends joggen gehen.
2. Genau wie Menschen sollten sich auch Fellnasen aufwärmen, bevor sie mit dem Joggen beginnen, und sich danach abkühlen. Ein kurzer Spaziergang oder leichte Dehnübungen vor und nach dem Joggen können helfen, Muskelkater und Verletzungen zu vermeiden.

3. Beginnen Sie langsam, besonders wenn Sie oder Ihr Hund nicht an regelmäßige Joggingrunden gewöhnt sind. Starten Sie mit kurzen Distanzen und einem moderaten Tempo und steigern Sie allmählich sowohl die Länge als auch die Intensität der Läufe.
4. Achten Sie während des Joggens auf die Zeichen, die Ihr Zögling gibt. Anzeichen von Ermüdung, Desinteresse oder Unbehagen bedeuten, dass Sie eine Pause einlegen oder für den Tag aufhören sollten.
5. Stellen Sie sicher, dass Sie und Ihre Fellnase während des Joggens ausreichend Wasser zur Verfügung haben. Planen Sie Pausen ein, besonders an heißen Tagen, um Überhitzung zu vermeiden.
6. Integrieren Sie das Joggen regelmäßig in Ihre Routine, um die besten Ergebnisse zu erzielen. Seien Sie jedoch bereit, das Training an das Wetter sowie an die Gesundheit und Energie Ihres Tieres anzupassen.

76 Wandern

Gemeinsame Wanderungen bieten Abwechslung und mentale Stimulation durch neue Gerüche, Geräusche und Sichtweisen. Schnell wird das Wanderherz Ihres Vierbeiners höher schlagen, wenn Sie gemeinsam die Natur auf ausgedehnten Streifzügen genießen. Wie beim Joggen sollten Sie auch hier schrittweise vorgehen.

1. Wenn Ihr Vierbeiner nicht an längere Spaziergänge gewöhnt ist, beginnen Sie mit kürzeren Wanderungen, um seine Ausdauer allmählich aufzubauen.
2. Sorgen Sie für eine geeignete Leine, ein komfortables Geschirr und eine Identifikationsmarke mit Ihren Kontaktdaten. Packen Sie außerdem eine Hundewasserflasche, einen faltbaren

Napf, ausreichend Futter und Snacks, Kotbeutel, eine Erste-Hilfe-Ausrüstung für Tiere und ggf. eine Hundeschwimmweste ein, wenn Wasserwege auf Ihrer Route liegen.

3. Wählen Sie eine Route, die für Hunde geeignet und erlaubt ist. Beachten Sie die Länge der Strecke, den Schwierigkeitsgrad und die aktuellen Wetterbedingungen, um die Sicherheit und das Wohlbefinden Ihres Vierbeiners zu gewährleisten.
4. Beginnen Sie Ihre Wanderung besonders im Sommer früh am Tag, um die kühlsten Temperaturen und geringsten Menschenmengen zu nutzen.
5. Machen Sie regelmäßige Pausen, um Ihren Zögling trinken und fressen zu lassen und sich auszuruhen. Achten Sie auf Anzeichen von Erschöpfung oder Überhitzung.
6. Halten Sie Ihren tierischen Begleiter unter Kontrolle und lassen Sie ihn nicht die Umgebung stören. Sammeln Sie den Kot Ihres Hundes auf und entsorgen Sie ihn ordnungsgemäß.
7. Untersuchen Sie Ihren Liebling auf Zecken, Kratzer oder andere kleine Verletzungen. Sorgen Sie dafür, dass er genügend Wasser trinkt und ausruht, besonders nach anstrengenden Wanderungen.
8. Beachten Sie, wie Ihr Hund auf die Wanderung reagiert hat. Passen Sie zukünftige Wanderungen an seine Bedürfnisse, Vorlieben und Grenzen an.

Ein Hundegeschirr bietet mehr Sicherheit sowie eine gleichmäßige Belastung meines Körpers. So kannst du mich in brenzligen Situationen besser sichern.

77 Dog Dancing bzw. Canine Freestyle

Dog Dancing, auch bekannt als Canine Freestyle, ist eine Kombination aus Gehorsam, Tricks und Tanzbewegungen zu Musik, die Koordination und Konzentration fördert. Canine Freestyle ist eine wunderbare Art, die körperliche und geistige Agilität Ihres Hundes zu fördern und gleichzeitig eine tiefe Verbindung zu ihm aufzubauen. Mit Kreativität und Geduld kann Dog Dancing zu einer bereichernden Erfahrung für Sie beide werden.

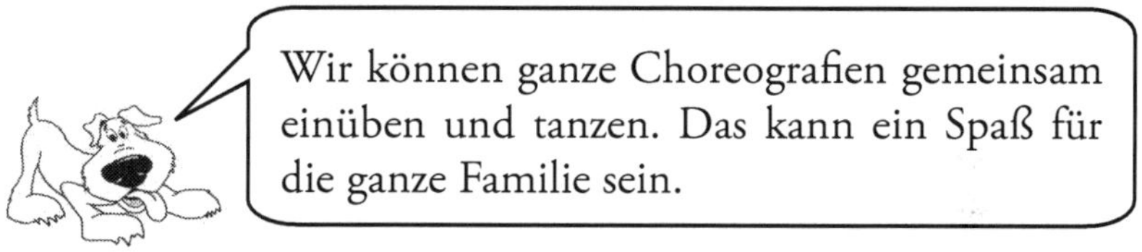

1. Ihr künftiger Tanzpartner sollte grundlegende Befehle beherrschen, da sie die Basis für komplexere Tricks und Choreografien bilden.
2. Wählen Sie ein Musikstück, das Ihnen gefällt und dessen Rhythmus und Tempo zu Ihrem Hund passen. Die Musik sollte Sie beide motivieren und Spaß machen.
3. Beginnen Sie mit einer einfachen Choreografie, die grundlegende Tricks und Befehle umfasst. Planen Sie kurze Sequenzen, die Sie später erweitern können.
4. Starten Sie mit einfachen Tricks, die Ihr tierischer Begleiter bereits kennt, und bauen Sie darauf auf. Dies kann Drehungen, Pfote geben oder Rollen umfassen.
5. Führen Sie schrittweise neue Bewegungen ein, die zur Musik passen. Achten Sie darauf, das Training positiv und spielerisch zu gestalten.

6. Arbeiten Sie daran, die Tricks und Bewegungen im Takt der Musik auszuführen. Dies erfordert Übung und Geduld.
7. Beginnen Sie, einzelne Tricks zu längeren Sequenzen zusammenzufügen, um eine fließende Routine zu erstellen.
8. Üben Sie die Choreografie regelmäßig, um die Bewegungen zu festigen und das Zusammenspiel zwischen Ihnen und Ihrem Hund zu verbessern.
9. Seien Sie bereit, die Choreografie anzupassen, basierend auf der Leistung und dem Wohlbefinden Ihres Tieres.
10. Wenn Sie und Ihr tierischer Tänzer sich bereit fühlen, können Sie Ihre Routine Freunden oder bei lokalen Dog-Dancing-Veranstaltungen präsentieren.
11. Erweitern Sie das Repertoire Ihres Hundes kontinuierlich um neue Tricks und passen Sie die Choreografie an, um sie interessant und herausfordernd zu halten.

78 Disc Dogging

Disc Dogging, auch bekannt als Frisbee mit Hunden, ist eine dynamische und spaßige Sportart, die die Geschicklichkeit, Ausdauer und das Sprungvermögen Ihres Tieres fördert und dessen Schnelligkeit und Agilität erhöht. Richtig antrainiert, kann dieses Spiel mit der gesamten Familie durchgeführt werden und einen Nachmittag im Freien bereichern.

1. Beginnen Sie mit einfachen Fangübungen. Werfen Sie die Disc aus kurzer Distanz zu Ihrem Zögling und ermutigen Sie ihn, sie zu fangen. Loben Sie ihn für jeden Erfolg.
2. Üben Sie gerade, flache Würfe, um Ihrer Fellnase das Fangen zu erleichtern.
3. Erhöhen Sie allmählich die Distanz Ihrer Würfe, wenn Ihr tierischer Mitspieler sicher fängt.
4. Ermutigen Sie Ihren Hund, zu springen, um die Disc zu fangen, indem Sie die Wurfhöhe allmählich steigern. Arbeiten Sie an Timing und Koordination, um Ihrem Tier dabei zu helfen, den optimalen Moment zum Springen zu finden.
5. Sobald Ihr Liebling die Grundlagen beherrscht, können Sie anfangen, Tricks wie Drehungen einzuführen.
6. Kombinieren Sie verschiedene Würfe und Tricks zu Sequenzen für eine abwechslungsreiche und herausfordernde Routine.

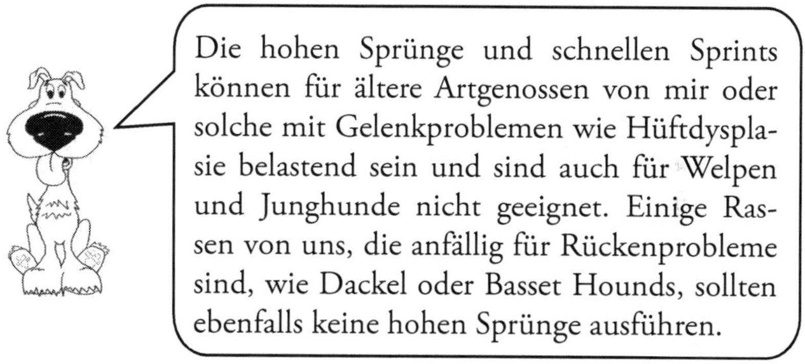

79 Canicross

Wenn Sie beide an Ihre Grenzen und darüber hinaus gehen möchten, ist dieser intensive Geländelauf wie geschaffen für Sie. Beim Canicross wird der Läufer mit seinem Hund über eine flexible Leine verbunden. Ihr Vierbeiner trägt hierzu ein spezielles Zug-Geschirr und zieht seinen Läufer damit, was die Teamarbeit fördert und für beide eine intensive Workout-Erfahrung bietet.

1. Besorgen Sie ein speziell für Canicross entworfenes Zuggeschirr für Ihren Hund, das gleichmäßig Druck verteilt und ihm erlaubt, bequem zu ziehen. Ein Laufgürtel für den Läufer ermöglicht es, die Hände freizuhaben und den Zug des Tieres besser auf den Körper zu verteilen. Eine elastische Leine, die zwischen Laufgürtel und Zuggeschirr befestigt wird, absorbiert Rucke und macht das Laufen komfortabler.
2. Gewöhnen Sie Ihren Vierbeiner schrittweise an das Zuggeschirr und die Leine, indem Sie sie zunächst bei kurzen Spaziergängen verwenden.
3. Stellen Sie sicher, dass Ihre Sportskanone grundlegende Kommandos wie Vor, Langsam, Stopp und Richtungsanweisungen beherrscht. Diese sind entscheidend für die Sicherheit und Kontrolle während des Laufens.
4. Beginnen Sie mit kurzen Strecken in einem ruhigen, verkehrsfreien Gebiet, um Ihren Hund an das gemeinsame Laufen zu gewöhnen. Starten Sie mit lockerem Joggen und steigern Sie allmählich Tempo und Distanz.
5. Integrieren Sie Canicross in Ihre regelmäßige Trainingsroutine, aber passen Sie die Intensität und Dauer stets an die Fähigkeiten und das Fitnessniveau Ihres Tieres an.
6. Wenn Sie und Ihre Fellnase sich bereit fühlen, können Sie an Canicross-Veranstaltungen teilnehmen, die eine großartige Gelegenheit bieten, die Community zu erleben und in einem Wettkampfumfeld zu laufen.

Massagen tun mir genauso gut wie dir. Sie können für meine Muskulatur eine Wohltat sein und mir nach dem Sport Erleichterung verschaffen. Und vielleicht entspannst du dich ja auch dabei.

80 Treibball

Als Fußballfan haben Sie sicher bereits von Treibball gehört. Es handelt sich hierbei um eine Abwandlung der beliebten Sportart für Hunde, bei der sie große Bälle mit ihrer Nase in ein Tor stoßen. Hundefußball ist eine hervorragende Möglichkeit, den natürlichen Hütetrieb vieler Hunderassen zu nutzen, bietet gleichzeitig eine physische und mentale Herausforderung und kann zum Spaß für die ganze Familie werden.

1. Beginnen Sie damit, Ihren Vierbeiner an die großen Bälle zu gewöhnen, die im Treibball verwendet werden. Lassen Sie ihn die Bälle beschnüffeln und damit interagieren, ohne zu versuchen, sie zu treiben.
2. Ihr Zögling sollte grundlegende Kommandos wie Sitz, Bleib, Komm und Geh um beherrschen. Geh um ist besonders wichtig, da es Ihren tierischen Mitspieler anweist, hinter den Ball zu gehen.
3. Beginnen Sie, Ihrem Hund beizubringen, den Ball mit seiner Nase zu stoßen, indem Sie Leckerlis nahe am Ball platzieren oder seine Nase sanft gegen den Ball führen und ihn für die Interaktion belohnen.

4. Zeigen Sie Ihrem pelzigen Freund, wie er den Ball in eine bestimmte Richtung lenken kann, indem Sie ihn um den Ball herumführen und Anweisungen wie Links, Rechts und Geradeaus geben.
5. Erhöhen Sie allmählich die Distanz, über die Ihr Hund den Ball stoßen muss, um seine Fähigkeit, den Ball zu kontrollieren und zu treiben, weiter zu verbessern.
6. Stellen Sie ein Tor auf, in das Ihr tierischer Begleiter die Bälle treiben soll. Beginnen Sie mit einem breiten Tor, um den Erfolg zu erleichtern, und verkleinern Sie es allmählich, um die Schwierigkeit zu erhöhen.
7. Führen Sie Ihren Hund dazu, den Ball in das Tor zu stoßen, und belohnen Sie ihn, wenn der Ball das Ziel erreicht.
8. Führen Sie mehrere Bälle ein, um Ihrem Vierbeiner beizubringen, sie nacheinander in das Tor zu treiben.
9. Bestimmen Sie die Anzahl der Bälle und die Zeit, die Ihr Zögling hat, um sie ins Tor zu treiben, um ein richtiges Treibball-Spiel zu simulieren.

81 Agility

Agility-Training ist eine dynamische und spaßige Art, die körperliche Fitness, die Gehorsamkeit und die mentale Agilität Ihres Hundes zu fördern.

1. Beginnen Sie damit, Ihren Vierbeiner schrittweise und ohne Druck mit den verschiedenen Agility-Geräten vertraut zu machen. Dazu gehören Hürden, Tunnel, Wippen, Slalomstangen und weitere. Verwenden Sie Leckerlis und Lob, um Ihren

Zögling zu ermutigen und ihm positive Erfahrungen mit jedem Gerät zu bieten.
2. Beginnen Sie mit niedrigen Hürden und erhöhen Sie allmählich die Höhe, sobald Ihr Tier Vertrauen gewinnt.
3. Ermutigen Sie Ihren Hund, durch den Tunnel zu laufen, indem Sie ihn von einem Ende zum anderen führen, oder führen Sie ihn langsam durch die Slalomstangen.
4. Machen Sie Ihren agilen Vierbeiner langsam mit der Wippe und anderen komplexeren Geräten vertraut, wobei der Fokus auf Sicherheit und Selbstvertrauen liegen sollte.
5. Sobald Ihr Zögling im Umgang mit den einzelnen Geräten sicher ist, beginnen Sie, sie zu kleinen Sequenzen zu kombinieren. Starten Sie mit zwei Geräten und erweitern Sie allmählich die Sequenz.
6. Stellen Sie einen vollständigen Agility-Parcours zusammen, der verschiedene Geräte in einer Reihenfolge enthält.
7. Führen Sie Ihren Hund durch den gesamten Parcours, wobei Sie die Geschwindigkeit und Präzision allmählich steigern.
8. Trainieren Sie regelmäßig, um die Fähigkeiten Ihres Hundes zu verbessern und ihn geistig wie körperlich zu fordern.

82 Schwimmen

Schwimmen ist für die meisten Hunde eine natürliche und angenehme Aktivität, die nicht nur eine hervorragende Form der Bewegung darstellt, sondern auch bei der Abkühlung an heißen Tagen hilft. Darüber hinaus bietet dieser Sport eine gute Gelegenheit, die Freude am Erkunden und Spielen im Wasser zu teilen und gemeinsam gelenkschonend fit zu bleiben.

Spezielle Schwimmwesten für Hunde bieten zusätzlichen Auftrieb und Sicherheit im Wasser, was besonders für diejenigen von uns wichtig ist, die nicht sicher schwimmen können. Sie unterstützen uns auch bei längeren Wasseraktivitäten. Dank der integrierten Griffe kannst du uns im Ernstfall schnell und sicher greifen und retten. Die auffälligen Farben machen uns Wasserratten außerdem weithin sichtbar.

1. Nicht alle Hunde sind natürliche Schwimmer. Rassen mit kurzen Beinen und schweren Körpern, wie z. B. Bulldoggen, können Schwierigkeiten beim Schwimmen haben. Stellen Sie sicher, dass Ihre Fellnase schwimmen kann und sich im Wasser wohlfühlt, bevor Sie mit dem gemeinsamen Schwimmen beginnen.
2. Beginnen Sie langsam und lassen Sie Ihren Vierbeiner sich an das Wasser gewöhnen. Gehen Sie gemeinsam ins Wasser und zeigen Sie ihm, dass es sicher und spaßig ist.
3. Schwimmen Sie neben Ihrem Hund her oder locken Sie ihn zu sich ins tiefere Wasser, falls er dazu bereit ist. Halten Sie die ersten Schwimmrunden kurz, um Überanstrengung zu vermeiden.
4. Bringen Sie schwimmfähiges Spielzeug mit, um das Schwimmerlebnis spannender zu gestalten. Werfen Sie das Spielzeug kurze Distanzen, um Ihren Zögling zum Schwimmen zu ermutigen. Achten Sie darauf, dass das Spielzeug sicher und groß genug ist, um ein Verschlucken zu verhindern.
5. Bleiben Sie stets in Reichweite Ihres Tieres, um ihm bei Bedarf Unterstützung zu bieten. Achten Sie auf Zeichen von Ermü-

dung oder Stress und beenden Sie das Schwimmen, wenn Ihr Liebling Anzeichen von Unwohlsein zeigt.

6. Helfen Sie Ihrem tierischen Begleiter, sich nach dem Schwimmen zu trocknen, besonders in den Ohren, um Infektionen sowie Unterkühlung zu vermeiden. Verwenden Sie ein Handtuch oder einen Föhn auf niedriger Stufe, um das Fell Ihres Hundes zu trocknen.

83 SUP

Stand Up Paddling (SUP) mit dem Hund ist eine fantastische Art, Zeit in der Natur zu verbringen und dabei sowohl die Bindung zu Ihrer Fellnase zu stärken als auch für beide Seiten eine neue Herausforderung zu bieten. Diese Aktivität kombiniert die ruhige, meditative Wirkung des Paddelns auf dem Wasser mit der Freude, ein Abenteuer mit Ihrem vierbeinigen Freund zu erleben.

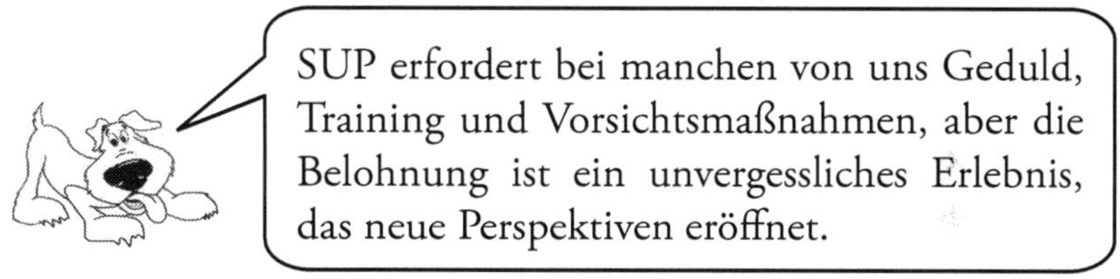

1. Lassen Sie Ihre Wasserratte das Stand-Up-Paddle-Board zunächst an Land erkunden, damit sie sich an das Aussehen und die Haptik gewöhnen kann. Ermutigen Sie sie, darauf zu steigen und zu sitzen oder zu liegen, während das Board noch ohne Finnen sicher auf dem Boden liegt.
2. Sowohl Sie als auch Ihr Vierbeiner sollten eine Schwimmweste tragen. Für Ihren Hund ist dies besonders wichtig, auch wenn

er ein guter Schwimmer ist, da die Weste zusätzlichen Auftrieb bietet und im Notfall leicht zu greifen ist.

3. Wählen Sie für Ihre ersten SUP-Versuche mit Ihrem Zögling ruhige Gewässer, wie einen stillen See oder einen ruhigen Flussabschnitt. Vermeiden Sie Orte mit starker Strömung, viel Bootsverkehr oder anderen potenziellen Gefahren.
4. Beginnen Sie mit kurzen Trainingseinheiten auf dem Wasser, um Ihren Hund an die Bewegung des Boards zu gewöhnen. Bleiben Sie in Ufernähe, falls einer von Ihnen ins Wasser fällt oder Ihr Vierbeiner eine Pause benötigt.
5. Arbeiten Sie an Grundkommandos wie Sitz, Bleib und Platz, um die Kontrolle auf dem Board zu behalten. Dies hilft, sicherzustellen, dass Ihr Hund ruhig bleibt und sich nicht plötzlich bewegt, was Sie beide ins Wasser werfen könnte.
6. Belohnen Sie Ihren tierischen Begleiter für ruhiges und gewünschtes Verhalten auf dem SUP. Leckerlis und lobende Worte können ihm helfen, sich sicherer zu fühlen und die Erfahrung zu genießen.
7. Finden Sie einen stabilen Standpunkt in der Mitte des Boards. Ihr Hund sollte vor Ihnen platziert werden, wo er genügend Platz hat, um bequem zu sitzen oder zu liegen.
8. Arbeiten Sie daran, Ihr Gleichgewicht zu halten, während Sie auf das Verhalten Ihres Tieres achten. Plötzliche Bewegungen von ihm können das SUP kippen lassen, also ist es wichtig, ruhig und ausgeglichen zu bleiben.
9. Nehmen Sie die Erfahrung als eine Gelegenheit, die Natur gemeinsam zu genießen. Ob Sie nun gemütlich paddeln oder sich einfach auf dem Wasser treiben lassen – die Zeit mit Ihrem Hund auf dem Wasser kann unglaublich entspannend und belohnend sein.

10. Stellen Sie sicher, dass Sie Ihre Fellnase nach dem Paddeln gut abtrocknen, besonders die Ohren, um Infektionen sowie Unterkühlung vorzubeugen.

Die Ration an Leckerlis solltest du von meinem täglichen Futter abziehen. Du kannst auch die Fütterung generell ersetzen, indem ich mir täglich mit diversen Übungen mein Fressen verdiene.

84 Radfahren

Gemeinsames Radfahren mit dem Hund kann eine wunderbare Möglichkeit sein, zusammen aktiv zu sein und die Bindung zu stärken. Zugleich können Sie die Bedürfnisse von Vierbeinern, die viel und schnell laufen möchten, wie Windhunden, erfüllen.

1. Verwenden Sie eine spezielle Fahrradleine oder eine Halterung, die am Rahmen des Fahrrads befestigt wird, um zu verhindern, dass Ihr Hund zu nahe kommt oder in die Speichen gerät. Achten Sie darauf, eine Vorrichtung zu wählen, die plötzliche Züge abfedert und sowohl Ihre als auch die Sicherheit Ihres Tieres gewährleistet.
2. Eine reflektierende Weste oder ein Geschirr mit Reflektoren helfen, Ihren Hund im Dunkeln sichtbar zu machen, und sorgen so für zusätzliche Sicherheit.
3. Nehmen Sie immer Wasser für Ihren Hund mit und planen Sie regelmäßige Pausen ein, besonders an warmen Tagen.
4. Beginnen Sie in einem ruhigen, verkehrsfreien Bereich und fahren Sie zunächst im Schritttempo, damit sich Ihr tieri-

scher Begleiter an die Bewegung und Geschwindigkeit gewöhnen kann.

5. Starten Sie mit kurzen Strecken und erhöhen Sie die Distanz allmählich, abhängig von der Kondition und dem Wohlbefinden Ihres Tieres.
6. Arbeiten Sie an klaren Kommandos, um Ihren Vierbeiner während der Fahrt zu lenken, z. B. für Langsam, Stopp oder Rechts/Links.
7. Nutzen Sie Lob und Leckerlis, um positives Verhalten und Gehorsam zu belohnen.
8. Achten Sie auf Anzeichen von Ermüdung oder Unbehagen. Nicht alle Hunde sind für längere Fahrradtouren geeignet. Die Geschwindigkeit sollte immer an die Laufgeschwindigkeit Ihres Zöglings angepasst sein, um Überanstrengung zu vermeiden.

Asphalt kann an sonnigen Sommertagen sehr heiß werden und meine Pfoten verbrennen. Lass uns Fahrradtouren lieber in den kühleren Tageszeiten planen. Oder du besorgst mir Hundeschuhe.

85 Zugschlitten

Das Ziehen eines Schlittens, im Kontext von Hundeschlittenrennen oder als Freizeitaktivität, ist eine anspruchsvolle und kraftintensive Aufgabe für Hunde. Es erfordert sorgfältiges Training, um sicherzustellen, dass der Vierbeiner physisch und mental darauf vorbereitet ist.

1. Beginnen Sie damit, Ihren Hund das Geschirr ohne Zug tragen zu lassen, damit sich Ihre Fellnase daran gewöhnt.
2. Schützen Sie die Pfoten Ihres Tieres vor Verletzungen durch rauen Untergrund oder vor heißem Asphalt im Sommer.
3. Trainieren Sie grundlegende Kommandos wie Start, Stopp, Links und Rechts, die für die Navigation und Kontrolle notwendig sind.
4. Stärken Sie die Muskulatur Ihres Hundes, ohne ihn sofort mit dem Ziehen beginnen zu lassen. Lange Spaziergänge und sanftes Ziehen von leichten Lasten können ihm helfen, die erforderliche Kondition aufzubauen.
5. Beginnen Sie mit kurzen Strecken und leichtem Gewicht und steigern Sie allmählich Distanz, Gewicht und Geschwindigkeit, basierend auf der Entwicklung des Hundes.

Im Sommer, wenn Schnee als Untergrund für traditionelles Hundeschlittenziehen fehlt, gibt es alternative Sportarten, um die gleichen Fähigkeiten zu trainieren, wie Canicross, Bikejöring, Scootering oder Dryland Mushing. Je nach Kreativität und guter Absprache mit Ihrem Vierbeiner können Sie auch versuchen, sich auf einem Longboard oder Inline-Skates ziehen zu lassen.

86 Langlauf bzw. Skijöring

Langlauf mit Hunden, auch bekannt als Skijöring, ist eine Wintersportart, bei der eine Person auf Langlaufskiern von einem oder mehreren Hunden gezogen wird. Dabei wird eine direkte Verbindung zwischen dem Skiläufer und dem Vierbeiner über eine Zugleine hergestellt.

Wie auch beim Canicross und Zugschlitten-Sport benötigen Sie dafür ein spezielles Zuggeschirr. Jenes verteilt den Zug gleichmäßig über den Körper Ihres Hundes, sodass keine zu starken Belastungen an spezifischen Stellen entstehen. Darüber hinaus benötigen Sie eine stoßdämpfende Leine, die Flexibilität beim Laufen bietet und Stöße absorbiert, sowie einen Hüftgurt für sich selbst, an dem die Zugleine befestigt wird. Diese lässt die Hände für die Skistöcke frei. Eine geeignete Langlaufausrüstung ist selbstverständlich ebenfalls erforderlich.

1. Gewöhnen Sie Ihre Fellnase sanft an das Zuggeschirr, indem Sie kurze Spaziergänge damit machen. Hierbei können Sie bereits die grundlegenden Zugkommandos wie Start, Stopp, Links, Rechts und Langsamer trainieren.
2. Beginnen Sie mit kurzen Strecken auf flachem Gelände, um Ihrem Hund das Konzept des Ziehens auf Schnee nahezubringen. Loben und belohnen Sie ihn für das Ziehen und Folgen der Kommandos.
3. Steigern Sie allmählich die Distanz und die Geschwindigkeit, basierend auf der Kondition und den Fähigkeiten Ihres Tieres. Achten Sie darauf, Überanstrengung zu vermeiden.
4. Ein regelmäßiges Training ist wichtig, um die Kondition aufzubauen und die Technik zu verbessern. Gewährleisten Sie ausreichend Ruhepausen und Hydratation für Ihren Vierbeiner.

Für meine kleineren und kurzbeinigen Artgenossen ist dieser Sport nicht geeignet. Sie haben Schwierigkeiten, im tiefen Schnee zu laufen oder sind physiologisch nicht zum Ziehen geeignet.

Balance-Übungen

Wenn Sie die Körperkontrolle, die Muskelstärke und das Gleichgewicht Ihres Hundes verbessern möchten, sind diese Übungen genau das Richtige. Sie sind überdies nicht nur für die körperliche Gesundheit Ihres Tieres vorteilhaft, sondern bieten auch eine geistige Herausforderung und können zur Verbesserung der Koordination und der Propriozeption, also der Wahrnehmung der eigenen Körperposition im Raum, beitragen.

Balance-Übungen können je nach Alter, Fitnesslevel und Gesundheitszustand des Hundes angepasst werden. Es ist wichtig, jede neue Übung langsam einzuführen und darauf zu achten, dass Ihr Vierbeiner sich zu jeder Zeit wohlfühlt.

87 Wackelbrett

Ein Wackelbrett ist eine flache Oberfläche auf einem beweglichen Untergrund, die kippt, wenn der Vierbeiner darauf tritt. Die Aufgabe des Tieres ist es, auf dem Brett zu stehen und sein Gleichgewicht zu halten, während das Brett sich bewegt. Dies stärkt seine Kernmuskulatur und fördert seine Balance. Darüber hinaus handelt es sich um ein hervorragendes Trainingsgerät, um das Gleichgewicht, die Koordination und das Vertrauen Ihres Tieres zu fördern. Die Gewöhnung an das Wackelbrett sollte schrittweise und positiv erfolgen, um sicherzustellen, dass Ihr Hund eine positive Assoziation damit entwickelt.

1. Beginnen Sie damit, das Wackelbrett in der Umgebung Ihres Vierbeiners zu platzieren, ohne von ihm zu verlangen, es

sofort zu benutzen. Lassen Sie ihn das Brett beschnüffeln und erkunden, um Neugier zu wecken und Angst oder Misstrauen abzubauen.

2. Verwenden Sie Leckerlis oder sein Lieblingsspielzeug, um positive Assoziationen mit dem Wackelbrett zu schaffen. Platzieren Sie Belohnungen auf dem Brett oder in der Nähe des Brettes, um sein Interesse daran zu steigern.
3. Ermutigen Sie Ihren Zögling, das Brett mit den Pfoten zu berühren, indem Sie Leckerlis darauf legen. Loben und belohnen Sie ihn für jede Interaktion, selbst wenn es nur eine leichte Berührung ist.
4. Sobald sich Ihr tierischer Begleiter damit wohlfühlt, das Brett zu berühren, ermutigen Sie ihn, mit allen vier Pfoten darauf zu stehen. Sie können dies tun, indem Sie Leckerlis in einer Spur über das Brett legen oder sein Lieblingsspielzeug als Anreiz verwenden. Stabilisieren Sie das Brett in dieser ersten Phase.
5. Beginnen Sie, das Brett sanft zu bewegen, wenn Ihr Vierbeiner darauf steht. Halten Sie die Bewegungen zunächst minimal, um ihm Zeit zu geben, sich anzupassen und sein Gleichgewicht zu finden. Unterstützen und beruhigen Sie ihn mit Ihrer Stimme und Belohnungen.
6. Steigern Sie allmählich die Dauer, die Ihr Hund auf dem Wackelbrett verbringt, sowie die Intensität der Bewegungen. Achten Sie darauf, das Training entsprechend seinem Komfort und seinen Fähigkeiten anzupassen.
7. Variieren Sie die Übungen auf dem Wackelbrett, um verschiedene Muskelgruppen zu trainieren und die geistige Stimulation zu erhöhen. Versuchen Sie, Kommandos wie Sitz oder Platz einzubinden.

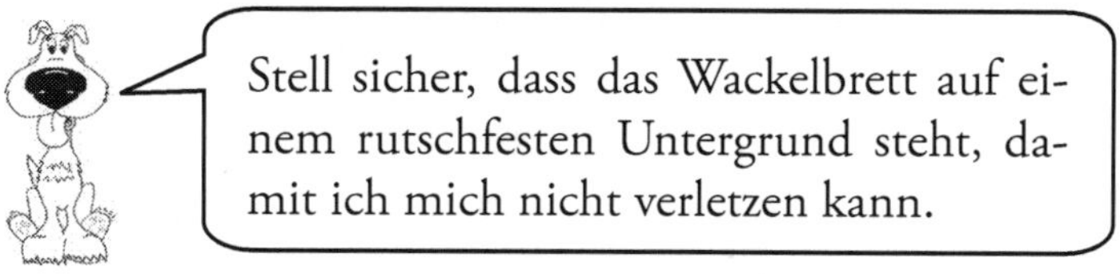

88 Pfoten anheben

Fordern Sie Ihren Hund auf, abwechselnd seine Pfoten anzuheben und für einige Sekunden in der Luft zu halten. Dies kann durch Berühren der Pfoten oder durch verbale Kommandos geschehen. Eine gute Voraussetzung ist der Trick Gib Pfote, welchen Sie leicht in ein Winken oder ein High Five umwandeln können. Das Anheben und Halten der Pfoten verbessert das Gleichgewicht und die Körperkontrolle Ihres Vierbeiners.

89 Balance-Kissen oder -Ball

Spezielle Balance-Kissen oder -Bälle für Hunde sind weiche, aufblasbare Geräte, auf denen der Vierbeiner stehen soll. Das instabile Material bringt Ihren Zögling dazu, seine Muskeln anzuspannen, um das Gleichgewicht zu halten, was zur Stärkung seiner Kernmuskulatur beiträgt. Das Vorgehen zur Gewöhnung Ihres Vierbeiners an die Balancegeräte können Sie dem des Wackelbretts nachempfinden.

90 Cavaletti-Training

Cavaletti sind niedrige Hürden, die in einer Linie aufgestellt werden. Die Fellnase wird dazu ermutigt, darüber zu laufen, wobei sie ihre Beine gezielt heben muss, um die Hürden zu überqueren. Dies verbessert die Beweglichkeit, das Gleichgewicht und die Koordination.

91 Gangwechsel auf unterschiedlichen Untergründen

Führen Sie Ihren Hund über verschiedene Untergründe wie Gras, Sand, Kiesel oder weiche Matten. Die unterschiedlichen Texturen und Härtegrade der Untergründe fordern den Vierbeiner heraus, seinen Gang und sein Gleichgewicht entsprechend anzupassen.

Dies lässt sich einfach in einen Waldspaziergang einbauen oder bei einem Barfußpfad umsetzen. Wenn auch Sie Ihre Schuhe ausziehen, profitieren Sie ebenfalls von den Vorteilen und neuen Gefühlen.

92 Steigen auf Objekte

Ermutigen Sie Ihren Hund, auf erhöhte Plattformen oder kleine Kisten zu steigen und dort das Gleichgewicht zu halten. Das Auf- und Absteigen fördert die Muskelkraft und das Gleichgewicht. Hierbei sollte der Abstand allerdings nicht zu hoch sein, um den Vierbeiner nicht zu überfordern. Steht er oben, lassen sich die Übungen vertiefen, indem Ihr Tier sich setzt oder hinlegt, eine Pfote hebt, sich im Kreis dreht etc.

93 Seitliches Gehen

Trainieren Sie Ihren Hund, seitlich zu gehen, indem Sie ihn dazu ermutigen, seine Schritte seitwärts zu setzen, ohne sich zu drehen. Dies stärkt die seitliche Muskulatur und fördert die Koordination.

1. Starten Sie in einer stehenden oder sitzenden Position, die Ihrem Vierbeiner vertraut ist. Stellen Sie sich neben ihn, sodass Sie beide in dieselbe Richtung schauen.

2. Halten Sie ein Leckerli in Ihrer Hand nahe an der Nase Ihres Tieres, um dessen Aufmerksamkeit zu gewinnen. Bewegen Sie Ihre Hand langsam zur Seite, sodass Ihr Hund sich seitlich bewegen muss, um dem Leckerli zu folgen. Es ist wichtig, dass der Vierbeiner sich dabei nicht dreht, sondern tatsächlich seitliche Schritte macht.
3. Sobald Ihr Zögling auch nur einen kleinen Schritt seitwärts macht, loben Sie ihn und geben Sie ihm das Leckerli. Wiederholen Sie diese Übung mehrmals, um das Verhalten zu festigen.
4. Ab dem Augenblick, wenn Ihr Hund verstanden hat, was von ihm erwartet wird, fügen Sie ein verbales Kommando wie Seitwärts hinzu, bevor Sie mit der Handbewegung beginnen. Wiederholen Sie dies mehrmals, um die Assoziation zwischen dem Kommando und der Aktion zu stärken.
5. Beginnen Sie allmählich, die Gabe von Leckerlis zu reduzieren, indem Sie sie nur gelegentlich geben, aber weiterhin jedes erfolgreiche seitliche Gehen verbal loben.
6. Erhöhen Sie schrittweise die Anzahl der seitlichen Schritte, die Ihr tierischer Begleiter machen soll, bevor er belohnt wird. Dies baut seine Fähigkeit aus, über längere Strecken seitwärts zu gehen.
7. Üben Sie das seitliche Gehen in verschiedenen Umgebungen und Situationen, um die Fähigkeit Ihres Tieres zu generalisieren und sicherzustellen, dass es das Kommando überall befolgen kann.

Halten Sie die Trainingseinheiten kurz und positiv, um Überforderung zu vermeiden und das Interesse Ihres Hundes aufrechtzuerhalten.

5

Spiele für die ganze Familie

Spiele mit dem Hund und der ganzen Familie sind nicht nur eine Quelle der Freude, sondern tragen auch wesentlich zum familiären Zusammenhalt bei. Sie bieten eine einzigartige Gelegenheit, die Bindung zwischen den Familienmitgliedern und dem vierbeinigen Freund zu stärken, während gleichzeitig soziale Fähigkeiten, Verantwortungsbewusstsein und das Verständnis für die Bedürfnisse und Grenzen des Hundes gefördert werden.

Für Kinder können solche Spiele besonders wertvoll sein, da sie auf spielerische Weise lernen, mit dem Vierbeiner umzugehen, dessen Signale zu deuten und Verantwortung für ein anderes Lebewesen zu übernehmen. Gleichzeitig profitiert Ihr tierisches Familienmitglied von der mentalen und physischen Stimulation, die durch die Spiele geboten wird, und genießt die zusätzliche Aufmerksamkeit und Zuneigung seiner menschlichen Familie.

Durch gemeinsame Aktivitäten wird das gegenseitige Verständnis vertieft und es entsteht ein Gefühl der Zugehörigkeit und des Vertrauens, das für das Wohlbefinden aller Beteiligten von unschätzbarem Wert ist. Somit sind Spiele mit dem Hund und der ganzen Familie eine wunderbare Möglichkeit, das Familienleben zu bereichern und eine liebevolle, respektvolle Beziehung zwischen Mensch und Tier zu fördern.

Spaß für Kinder und Hunde

Spiele für Kinder und Hunde sollten sicher, unterhaltsam und an das Alter des Kindes sowie die Größe und Energie des Tieres angepasst sein. Durch gemeinsame Spiele können Kinder und Fellnasen wertvolle Fähigkeiten lernen und eine tiefe, vertrauensvolle Beziehung zueinander aufbauen. Allerdings sollten Sie beide beobachten und besonders in den Anfangsphasen sicherstellen, dass ein respektvoller Umgang herrscht. Achten Sie auch darauf, ob Ihr Nachwuchs die Körpersprache Ihres Vierbeiners versteht und akzeptiert, wenn dieser eine Pause braucht.

Lass uns die einzelnen Spiele zuerst in Ruhe zu zweit einüben. Wenn es gut klappt, können wir mit der ganzen Familie Spaß haben. So bin ich nicht gleich zu Beginn mit Reizen und Ablenkungen von verschiedenen Seiten überfordert.

94 Erzähl mir eine Geschichte mit Handlungen

Bauen Sie auf dem einfachen Erzähl-mir-eine-Geschichte-Spiel auf, indem Sie spezifische Handlungen oder Gesten einbeziehen, die Ihr Hund erkennt und auf die er reagiert. Zum Beispiel könnten Sie eine Geste für Sitz oder eine andere Bewegung für Platz haben. Somit können Sie mit ein wenig Übung ein kleines interaktives Theaterstück einüben, an dem Ihre Kinder ebenfalls teilnehmen können.

95 Freeze-Spiel

Das Freeze-Spiel, auch bekannt als Statue oder Bleib-stehen-Spiel, ist eine lustige und interaktive Möglichkeit, Ihrem Vierbeiner Selbstkontrolle und das Kommando Bleib auf spielerische Weise beizubringen. Es fördert nicht nur die Gehorsamkeit, sondern verbessert auch die Fähigkeit Ihres Tieres, auf Signale zu reagieren und Impulse zu kontrollieren. Das Spiel kann sowohl drinnen als auch draußen gespielt werden und ist für Hunde aller Altersstufen geeignet.

1. Starten Sie mit einer kurzen Wiederholung des Kommandos Bleib oder führen Sie es ein, falls Ihr Vierbeiner damit noch nicht vertraut ist. Wählen Sie ein eindeutiges Signalwort oder eine Geste, die während des Spiels verwendet wird, um Ihrem Zögling mitzuteilen, dass er innehalten und einfrieren soll.
2. Beginnen Sie das Spiel, indem Sie mit Ihrem Hund spielen oder er sich frei bewegt. Dies kann durch einfaches Herumlaufen, Spielen mit einem Ball oder einem Spielzeug geschehen.
3. Während des Spiels verwenden Sie das ausgewählte Signalwort oder die Geste, um Ihrem tierischen Mitspieler zu signalisieren, dass er einfrieren soll. Das Ziel ist, dass Ihr Zögling sofort innehält und in der Position verharrt, in der er sich gerade befindet.
4. Sobald Ihr Zögling erfolgreich eingefroren ist und für ein paar Sekunden in dieser Position geblieben ist, loben und belohnen Sie ihn. Die Belohnung kann in Form von Leckerlis, verbalem Lob oder Streicheleinheiten erfolgen.
5. Anschließend geben Sie Ihrer Fellnase das Signal, sich wieder zu bewegen oder das Spiel fortzusetzen.
6. Wiederholen Sie den Freeze-Vorgang mehrmals während der Spielsession, um die Reaktionsfähigkeit und Selbstkontrolle Ihres Tieres zu trainieren.

7. Wenn Ihr Liebling den Ablauf kennt, kann er das Spiel mit Ihrer Familie spielen oder Sie können Ihre Kinder einbinden, die ebenfalls mitten in der Bewegung einfrieren müssen.

Ähnlich wie beim Kinderspiel Musikalische Statuen können Sie Musik verwenden und Ihren Hund auffordern, sich zu bewegen, solange die Musik spielt. Wenn die Musik stoppt, verwenden Sie das Freeze-Kommando. Dies fügt eine weitere Ebene der Aufmerksamkeit und des Spaßes hinzu.

96 Riech das Mitglied

Verstecken Sie Leckerlis in den Händen verschiedener Familienmitglieder und lassen Sie Ihren Hund erraten, wer den Leckerbissen hält.

97 Verstecken und Suchen

Dieses Spiel macht Spaß und unterstützt gleichzeitig die Entwicklung der Problemlösungsfähigkeiten und des Geruchssinns Ihres Hundes. Es nutzt dessen natürlichen Jagd- und Suchtrieb und ist gleichzeitig eine ausgezeichnete Übung zur Förderung der Bindung. Darüber hinaus hilft es, wichtige Kommandos wie Komm oder Bleib auf spielerische Weise zu festigen.

1. Weisen Sie Ihren Vierbeiner an, zu bleiben, und finden Sie ein Versteck. Alternativ können Sie eine zweite Person zu Hilfe nehmen, die Ihren gespannten Zögling leicht festhält, während Sie sich verstecken. Anfangs sollte dies nicht zu schwer sein, damit Ihr Hund Sie leicht finden kann. Rufen Sie ihn

dann mit einem fröhlichen Such, pfeifen Sie oder nennen Sie seinen Namen. Belohnen Sie ihn freudig, wenn er Sie gefunden hat. Nun muss er wieder bleiben und eines Ihrer Kinder versteckt sich.

2. Sobald Ihr Vierbeiner das Spielprinzip verstanden hat, können Sie beginnen, die Rollen zu tauschen. Verstecken Sie ein Lieblingsspielzeug oder ein Leckerli und ermutigen Sie Ihren Hund, dieses zu suchen. Dies fördert seine Fähigkeit, selbstständig zu suchen und zu erkunden. Alternativ kann er gezielt nach bestimmten Familienmitgliedern suchen, deren Namen Sie nennen.

98 Seifenblasen jagen

Seifenblasen faszinieren nicht nur uns Menschen. Sie sind eine fantastische und einfache Möglichkeit, Ihren Hund zu unterhalten und gleichzeitig seinen natürlichen Jagdinstinkt zu stimulieren. Die schillernden Blasen bieten nicht nur einen hohen Bewegungsanreiz, sondern auch visuelle Stimulation, welche die Neugier und Spielfreude Ihres Tieres weckt. Die einfache Freude am Platzen der Seifenblasen kann für Zwei- und Vierbeiner sehr unterhaltsam sein und ihnen einen lustigen und abwechslungsreichen Zeitvertreib bieten.

1. Wählen Sie eine Seifenblasenlösung, die sicher für Hunde und Kinder ist. Es gibt spezielle, ungiftige Optionen auf dem Markt, die speziell für Haustiere entwickelt wurden. Diese vermeiden die Risiken, die normale Seifenblasenlösungen aufgrund ihrer Inhaltsstoffe mit sich bringen können, wie z. B. Magenverstimmungen.

2. Finden Sie einen offenen, sicheren Bereich, wo Ihre Kinder sowie Ihr tierischer Zögling frei laufen und springen können, ohne sich zu verletzen.
3. Beginnen Sie, die Seifenblasen in die Luft zu pusten, und ermutigen Sie Ihren Hund, ihnen nachzujagen. Einige Tiere verstehen vielleicht sofort, was zu tun ist, während andere möglicherweise zunächst zögern oder verwirrt sind.
4. Zeigen Sie und Ihre Kinder Begeisterung und ermutigen Sie Ihren Vierbeiner aktiv, die Blasen zu jagen. Ihre Energie und Ihre Anfeuerungen können dazu beitragen, dass Ihr tierisches Familienmitglied sich engagiert und das Spiel genießt.
5. Wenn Ihr Vierbeiner mit dem Spiel vertraut ist, können Sie Ihre Kinder einbeziehen. Diese können entweder Seifenblasen kreieren oder ihnen gemeinsam mit Ihrer Fellnase nachjagen.

99 Labyrinth

Ein Labyrinth ist eine herausfordernde und unterhaltsame Aktivität für Ihren Hund und Ihre Kinder, die darauf abzielt, ihre Problemlösungsfähigkeiten sowie Geschicklichkeit und den hundetypischen Geruchssinn zu fördern. Bei diesem Spiel müssen die Teilnehmer herausfinden, wie sie durch ein Labyrinth navigieren, um an eine Belohnung – in der Regel Leckerlis oder ein begehrtes Spielzeug – zu gelangen. Dieses Spiel bietet eine ausgezeichnete geistige und physische Stimulation und kann sowohl drinnen als auch draußen aufgebaut werden. Wenn es groß genug ist, können alle gemeinsam darin spielen. Andernfalls ist eine abwechselnde Nutzung möglich.

1. Beginnen Sie mit dem Aufbau des Labyrinths in einem sicheren Bereich. Verwenden Sie hierzu ausgewählte Materialien

wie Kartons, Bücher, Kisten, Yogamatten, Matratzen, Spiegel oder Decken, um Pfade und Sackgassen zu erstellen. Für den Anfang sollte das Labyrinth relativ einfach sein, mit einem klaren Weg vom Start zum Ziel. Stellen Sie sicher, dass die Gänge breit genug sind, damit die Teilnehmer bequem hindurchgehen können.
2. Verstecken Sie die Belohnung am Ende des Labyrinths. Es kann hilfreich sein, ein paar Leckerlis bzw. Süßigkeiten entlang des Weges zu platzieren, um Ihre Spielteilnehmer zu ermutigen und zu leiten.
3. Bringen Sie Ihren Vierbeiner zum Startpunkt des Labyrinths und fordern Sie ihn auf, die Belohnung zu suchen. Anfangs können Sie ihm helfen, indem Sie den Weg leicht zeigen oder ihn verbal motivieren.
4. Lassen Sie Ihren Hund selbst durch das Labyrinth navigieren. Vermeiden Sie es, ihn direkt zu führen, es sei denn, er benötigt Hilfe. Das Ziel ist, dass er lernt, selbstständig Entscheidungen zu treffen und den Weg zu finden.
5. Sobald Ihr Tier das Ende des Labyrinths erreicht und den Schatz entdeckt hat, unterstützen Sie diese großartige Leistung durch lobende Worte.

Wenn Ihr Hund und Ihre Kinder mit dem Basislayout vertraut sind, können Sie das Labyrinth komplexer gestalten, indem Sie mehr Abzweigungen und Sackgassen hinzufügen. Sie können auch Labyrinthe zu bestimmten Themen oder Anlässen wie Feiertagen oder Jahreszeiten erstellen, um das Spiel interessant zu halten. Hier sind einige Beispiele für themenbasierte Labyrinthe, die Sie gemeinsam mit Ihren Kindern entwerfen können:

- 1. Weihnachts-Labyrinth
  Verwenden Sie Weihnachtsdekorationen, wie Tannenzweige, kleine Weihnachtsbäume und leuchtende Deko-Elemente, um ein festliches Labyrinth zu erstellen. Verstecken Sie kleine Überraschungen in weihnachtlichen Verstecken, wie unter einem kleinen Weihnachtsbaum, einem Tannenzweig oder in einem Adventskalender.

- 2. Halloween-Labyrinth
  Gestalten Sie ein gruseliges Labyrinth mit Kürbissen, Geisterfiguren und anderen Halloween-Dekorationen. Sie können leuchtende Kürbisse verwenden, um den Weg zu markieren, und gesunde Treats in thematischen Verstecken platzieren, wie hinter einer Kürbisdeko oder unter einem Hexenhut.

- 3. Sommer-Strand-Labyrinth
  Für die heißen Monate bietet sich ein Strandthema an. Verwenden Sie Sand, Strandbälle, kleine Sonnenschirme, ein Planschbecken und Wasserspielzeug, um ein sommerliches Labyrinth zu kreieren. Sie können die Überraschungen in kleinen Sandburgen, im Pool oder unter Strandbällen verstecken.

- 4. Oster-Labyrinth
  Nutzen Sie die Osterzeit, um ein Labyrinth mit Ostergras, bunten Eiern und Osterhasenfiguren zu gestalten. Überraschen Sie Ihre Liebsten mit kleinen Ostereiern unter künstlichen Osterhasen, um ihnen eine fröhliche Suche zu ermöglichen.

- 5. Herbst-Erntedank-Labyrinth
  Im Herbst können Sie ein Labyrinth mit Herbstlaub, Kürbissen und Erntedank-Dekorationen erstellen. Verstecken Sie Leckerlis sowie Süßigkeiten und Spielzeug unter bunten Blättern oder in der Nähe von Maiskolben-Dekorationen, um die Stimmung der Saison einzufangen.

Eine Möglichkeit ist auch, Süßigkeiten wie Schokolade für Ihre Kinder so zu verstecken, dass Ihr Hund nicht an sie gelangen kann. Sie können sie beispielsweise vergraben, in einer Box verschließen oder besonders hoch anbringen. Alternativ können Vierbeiner und Kinder das Labyrinth abwechselnd benutzen.

Diese themenbasierten Labyrinthe bieten nicht nur eine hervorragende Gelegenheit, um die Bindung zu Ihrem Hund zu stärken und ihm eine mentale Herausforderung zu bieten, sondern sie ermöglichen es Ihnen auch, die Jahreszeiten und Feiertage auf eine einzigartige und interaktive Weise mit Ihrem vierbeinigen Freund und Ihrer Familie zu feiern.

Gemeinsame Aktivitäten für das ganze Rudel

Gemeinsame Aktivitäten, die das ganze Rudel, also alle Familienmitglieder und den Hund, einbeziehen, stärken die familiäre Bindung und bieten Spaß für jeden. Hier sind einige Ideen für Aktivitäten, die Sie zusammen unternehmen können:

100 Familienwanderungen

Familienwanderungen auf hundefreundlichen Routen bieten eine einzigartige Gelegenheit, die Bindung innerhalb Ihrer Familie zu stärken und gleichzeitig eine enge Verbindung mit der Natur zu knüpfen. Zugleich bietet sie eine Pause von der digitalen Welt, die unseren Alltag dominiert. Diese gemeinsamen Unternehmungen sind nicht nur eine hervorragende Quelle körperlicher Betätigung, sondern auch ein Weg, um Erlebnisse zu schaffen, die lange in Erinnerung bleiben.

Wähle eine Route, die für alle Familienmitglieder und mich geeignet ist, damit das Abenteuer für uns alle angenehm und durchführbar ist.

Für den Hund bietet das Wandern eine ausgezeichnete Möglichkeit, überschüssige Energie in einer stimulierenden Umgebung abzubauen. Es fördert seine körperliche Gesundheit und Zufriedenheit, während es gleichzeitig seiner natürlichen Neugier und dem Bedürfnis nach Entdeckung gerecht wird. Das Erkunden neuer Gerüche, Geräusche und Szenarien kann zudem die geistige Stimulation erhöhen und Verhaltensproblemen, die aus Langeweile entstehen, vorbeugen.

Darüber hinaus ermöglichen Familienwanderungen besonders Ihren Kindern, Verantwortung zu übernehmen, indem sie sich um das Wohlergehen des Vierbeiners kümmern und dabei helfen, auf ihn aufzupassen. Dies stärkt nicht nur die Bindung zwischen Kind und Haustier, sondern lehrt auch wichtige Werte wie Fürsorge, Empathie und Teamarbeit.

Das Teilen dieser Erlebnisse fördert das Gefühl der Zugehörigkeit und des Zusammenhalts innerhalb der Familie sowie den Orientierungssinn. Gemeinsame Herausforderungen und Erfolge auf der Wanderung, wie das Erreichen eines Gipfels oder das Durchqueren eines schwierigen Wegabschnitts, tragen dazu bei, das Selbstvertrauen jedes Einzelnen zu stärken und ein Gefühl der gemeinsamen Leistung zu erleben.

101 Picknick im Freien

Organisieren Sie ein Picknick in einem nahegelegenen Park oder im eigenen Garten, wo Ihr Vierbeiner frei herumlaufen kann. Vergessen Sie nicht, auch hundefreundliche Snacks mitzunehmen. Diese Aktivität lässt sich wunderbar mit anderen familiären Abenteuern kombinieren, beispielsweise Wanderungen, Spieltagen im Garten oder Camping.

102 Campingausflüge

Ein Campingausflug mit der Familie und dem Hund stellt eine besondere Form des gemeinsamen Erlebnisses dar, das weit über den Rahmen gewöhnlicher Freizeitaktivitäten hinausgeht. In der Einfachheit des Campinglebens, umgeben von der Ruhe und Schönheit der Natur, finden Familien und ihre vierbeinigen Begleiter eine seltene Gelegenheit, dem Alltagsstress zu entfliehen und eine tiefere Verbindung zueinander und zur Umwelt aufzubauen.

Camping mit dem tierischen Familienmitglied fördert nicht nur die physische Gesundheit durch die vielfältigen Möglichkeiten für Outdoor-Aktivitäten wie Wandern, Schwimmen und Erkunden, sondern stärkt auch die emotionale Bindung zwischen Vierbeiner und Familie. Das gemeinsame Erleben von Abenteuern, das Überwinden kleiner Herausforderungen und das Teilen unvergesslicher Momente unter dem Sternenhimmel schaffen unvergleichliche Erinnerungen und ein starkes Gefühl der Zugehörigkeit.

Darüber hinaus bietet ein Campingausflug die perfekte Plattform für Tiere, um in einer sicheren und kontrollierten Umgebung ihre natürlichen Instinkte auszuleben. Die neue Umgebung, mit all ihren Gerüchen, Geräuschen und visuellen Reizen, bietet eine reiche Quelle geistiger Stimulation, die zur mentalen Zufriedenheit und zum Ausgleich beiträgt. Für die Fellnase bedeutet dies eine willkommene Abwechslung zum gewohnten Tagesablauf und eine Chance, auf gesunde Weise ihre Neugier und Erkundungslust auszuleben.

Für Kinder und Erwachsene gleichermaßen ist das Campen mit dem Hund eine lehrreiche Erfahrung, die das Bewusstsein für die Natur und den Umweltschutz schärft. Die direkte Interaktion mit der natürlichen Umgebung lehrt Respekt vor Flora und Fauna und vermittelt wichtige Lektionen über die Notwendigkeit, unsere natürlichen Ressourcen zu bewahren. Kinder lernen frühzeitig, Verantwortung für das vierbeinige Familienmitglied zu übernehmen, von der Sicherstellung, dass es ausreichend Wasser und Schatten hat, bis hin zur Beachtung von Regeln zum Schutz der Tierwelt und der natürlichen Lebensräume.

Ein Campingausflug mit der Familie und dem Hund kann auch als eine Chance genutzt werden, die Fähigkeiten zur Problemlösung und zur Teamarbeit zu verbessern. Die gemeinsame Vorbereitung des Camps, das Kochen im Freien und die Organisation des Tagesablaufs erfordern Kooperation und tragen dazu bei, das Gefühl der Selbstwirksamkeit und Unabhängigkeit zu stärken.

Alles in allem bietet das Campen mit Kind und Kegel eine einzigartige Auszeit vom digitalen Überfluss unserer modernen Welt. Es erinnert uns daran, die einfachen Freuden des Lebens zu schätzen – ein wärmendes Lagerfeuer, das Zirpen der Grillen in der Nacht, den Anblick eines klaren Sternenhimmels –, und festigt die Bande, die uns mit unseren Liebsten und der natürlichen Welt um uns herum verbinden.

103 Spieltage im Garten

Veranstalten Sie einen Spieltag im Garten mit verschiedenen Aktivitäten wie Frisbee, Ballspielen oder einem kleinen Hindernisparcours, die sowohl für Kinder als auch für Ihre Fellnase unterhaltsam sind.

104 Trainingseinheiten

Integrieren Sie Trainingseinheiten, bei denen alle Familienmitglieder dem Vierbeiner neue Tricks oder Kommandos beibringen. Dies fördert nicht nur die Intelligenz des Hundes, sondern auch die Kommunikation innerhalb des Rudels.

105 Badespaß

Falls Ihr Hund Wasser mag, kann ein gemeinsamer Besuch an einem hundefreundlichen Strand oder See viel Spaß machen. Schwimmen ist zudem eine ausgezeichnete Übung für Fellnasen.

106 Fotospaziergänge

Machen Sie Spaziergänge mit dem Ziel, schöne Fotos von der Landschaft, dem Hund und der Familie zu machen. Dies kann eine kreative und entspannende Aktivität für alle sein und zu schönen Erinnerungsbildern führen.

107 Freiwilligenarbeit als Rudel

Freiwilligenarbeit mit Hund und Kindern bietet nicht nur die Chance, etwas Gutes in der Welt zu tun, sondern stärkt auch die familiären Bindungen und lehrt Kinder wertvolle Lebenskompetenzen. Diese Erfahrungen können die Grundlage für ein lebenslanges Engagement, soziale Verantwortung und Tierschutz legen.

Therapiehundebesuche
Viele Hunde eignen sich hervorragend als Therapiehunde und können gemeinsam mit ihren Familien Besuche in Pflegeheimen, Krankenhäusern oder Schulen absolvieren. Kinder können lernen, ihre Tiere zu führen und dabei die positive Wirkung zu beobachten, die ihr vierbeiniger Freund auf andere Menschen hat. Sie erleben aus erster Hand, wie Tiere Trost und Freude spenden können, und lernen, die Bedürfnisse anderer zu erkennen und darauf einzugehen.

Umweltaktionen
Bei Aufräumaktionen in Parks oder an Stränden können Hunde und Kinder gleichermaßen teilnehmen. Während die Familie hilft, die Umwelt zu säubern, kann der Vierbeiner für Entspannung sorgen und mit den Kindern spielen, wenn eine Pause nötig ist. Ihre Kinder sind dabei mit Ihnen an der frischen Luft, entwickeln ein

Bewusstsein für Umweltschutz und lernen, wie wichtig es ist, unsere Naturgebiete sauber und sicher für alle Lebewesen zu halten.

Bevor man mit dem Vierbeiner an Freiwilligenprojekten teilnimmt, ist es wichtig, ihn angemessen vorzubereiten und zu trainieren. Ihre Kinder können in diesen Prozess einbezogen werden, indem sie lernen, wie man den Hund auf verschiedene Situationen vorbereitet. Sie können darüber hinaus nachvollziehen, wie man Tiere verantwortungsvoll und sicher in öffentlichen Räumen führt, und verstehen, dass nicht jede Situation für jede Fellnase geeignet ist.

108 Entspannte Abende zu Hause

Manchmal ist die beste Aktivität einfach, zu Hause zu entspannen, Filme zu schauen, etwas vorzulesen oder Spiele zu spielen, während der Hund gemütlich dabei liegt. Auch dies kann zur Routine werden und die Bindung und Ausgeglichenheit des Rudels stärken.

6

Anpassung der Spiele an verschiedene Rassen und Größen

Die Welt der Hunde ist so vielfältig wie faszinierend, geprägt durch ein breites Spektrum an Rassen, Größen und Charaktereigenschaften. Diese Vielfalt stellt Hundebesitzer vor die spannende Aufgabe, Spiele und Aktivitäten zu finden, die nicht nur unterhalten, sondern auch den physischen und psychischen Bedürfnissen ihrer vierbeinigen Freunde gerecht werden.

Für kleine Rassen wie z. B. den Dackel, der mit seiner Neugier und seinem Eifer besticht, eignen sich Intelligenzspiele und Suchaufgaben besonders gut. Diese Aktivitäten fordern den Dackel geistig heraus und nutzen seine natürliche Neigung, zu schnüffeln und zu graben, ohne seine Wirbelsäule zu sehr zu belasten.

Mittelgroße Hunderassen, wie der für seine Intelligenz und Lernbereitschaft bekannte Pudel, finden in anspruchsvollen Tricktrainings und Dog Dancing eine erfüllende Beschäftigung.

Große Rassen, insbesondere Hütehunde, die für ihre Ausdauer und Arbeitswilligkeit bekannt sind, profitieren von Aktivitäten, die ihre physischen und mentalen Fähigkeiten gleichermaßen fordern. Spiele, die Nachahmungsjagden simulieren, wie das Ziehen an speziellen Spielzeugen oder das Laufen neben dem Fahrrad, ermöglichen es diesen energiegeladenen Hunden, ihren Bewegungsdrang auszuleben und ihre Aufmerksamkeit zu fokussieren.

Spiele für kleine Rassen

Während kleine Hunde in Agility bei niedrigen Hindernissen glänzen, sind sie für lange Distanzen oder raues Terrain weniger geeignet. Ihre geringe Größe und teilweise geringere Ausdauer setzen Grenzen, die bei der Planung von Aktivitäten zu beachten sind. Ein großes Plus der kleinen Fellnasen ist definitiv, dass Sie sie fast überallhin mitnehmen können – sei es in die Bahn oder gar das Flugzeug. Hierfür sind allerdings einige Vorbereitungen nötig.

109 Transport im Rucksack

Der Transport in einem Rucksack kann eine praktische Option für kleine bis mittelgroße Hunde sein, besonders für längere Spaziergänge, Wanderungen oder Reisen, bei denen Ihr Tier nicht die ganze Strecke laufen kann oder darf.

1. Wählen Sie einen speziellen Hunderucksack, der groß genug ist, damit Ihr Hund bequem sitzen, stehen und sich umdrehen kann. Achten Sie darauf, dass der Rucksack eine gute Belüftung hat, stabil und robust ist. Gepolsterte Schulterriemen und Rückenbereiche erhöhen den Tragekomfort für Sie selbst.

2. Gewöhnen Sie Ihre Fellnase langsam an den Rucksack, indem Sie ihn zunächst zu Hause platzieren und abwarten, ob Ihr neugieriger Vierbeiner diesen erkundet. Stecken Sie Leckerlis oder Spielzeug in den Rucksack, um positive Assoziationen zu schaffen.
3. Motivieren Sie Ihren Vierbeiner dazu, in den Rucksack zu steigen, und belohnen Sie ihn für sein ruhiges Verhalten. Beginnen Sie mit kurzen Perioden und steigern Sie allmählich die Zeit, die Ihr Hund im Rucksack verbringt. Im Idealfall wird dieses Objekt mit der Zeit zu seinem Rückzugsort, an dem er sich geborgen und sicher fühlt.
4. Beginnen Sie nun damit, den Rucksack leicht anzuheben. Gelingt dies, können Sie ihn sich aufsetzen. Wenn auch dies möglich ist, sind erste Schritte im Innenraum möglich. Erhöhen Sie allmählich die Distanz, gehen Sie in den Außenbereich und schließlich auch auf unbekanntes Terrain.
5. Stellen Sie sicher, dass Ihr tierischer Begleiter bequem und sicher sitzt, mit genügend Raum, um zu atmen. Achten Sie darauf, dass der Kopf des Hundes durch die vorgesehene Öffnung passt, und vermeiden Sie extreme Temperaturen.

Wenn dein Rucksack über einen integrierten Sicherheitsgurt verfügt, befestige diesen an meinem Geschirr, nicht am Halsband, damit ich mich nicht verletzen kann.

110 Transport im Fahrradkorb

Das Transportieren im Fahrradkorb kann eine praktische und angenehme Methode sein, um kleinere Hunde auf Fahrradtouren mitzunehmen.

1. Schaffen Sie sich einen speziellen Fahrradkorb an, der groß genug ist, damit Ihr Hund bequem sitzen oder liegen kann, und der stabil genug ist, um das Gewicht Ihres Hundes zu tragen. Achten Sie auf ein sicheres Befestigungssystem, das den Korb fest am Fahrrad hält. Körbe aus robustem Material mit einer glatten Innenfläche sind besser geeignet, um Verletzungsrisiken zu minimieren.
2. Stellen Sie den Korb zu Hause auf, legen Sie diesen mit einer weichen Decke oder einem Kissen aus und geben Sie Ihrem Vierbeiner alle Zeit, den ungewohnten Gegenstand zu erkunden. Platzieren Sie Leckerlis oder sein Lieblingsspielzeug im Korb, um positive Assoziationen zu schaffen.
3. Ermutigen Sie Ihren Hund, in den Korb zu steigen und darin zu verweilen. Idealerweise fühlt sich Ihr Zögling in dem bequemen Korb mit der Zeit sicher und wohl.
4. Tragen Sie den Korb einige Male durch die Wohnung und später im Freien herum, um Ihren Vierbeiner mit der Bewegung seines Rückzugsortes vertraut zu machen.
5. Wenn dies funktioniert, können Sie den Korb am Fahrrad befestigen und Ihre erste Fahrt in einer verkehrsarmen Umgebung absolvieren. Fahren Sie langsam los oder schieben Sie das Rad und vermeiden Sie abrupte Bewegungen oder schnelle Kurven, die Ihren tierischen Mitfahrer erschrecken könnten.

6. Wenn sich Ihre Fellnase an den Korb und die Bewegung gewöhnt hat, können Sie allmählich die Dauer und Distanz der Fahrten erhöhen.

111 Akrobatik

Akrobatik mit kleinen Hunden, auch als Canine Freestyle oder Dog Dancing bezeichnet, kann eine kreative und spaßige Möglichkeit sein, die Bindung zu Ihrem kleinen Akrobaten zu stärken und gleichzeitig seine körperliche und geistige Fitness zu fördern. Hier sind einige akrobatische Übungen, die speziell für kleine Rassen geeignet sind:

Der Slalom

Ihr agiler tierischer Freund schlängelt sich zwischen Ihren Beinen hindurch, während Sie langsam vorwärtsgehen.

1. Beginnen Sie im Stehen und mit leicht gespreizten Beinen.
2. Locken Sie Ihren Hund mit einem Leckerli oder Spielzeug, um durch Ihre Beine zu gehen.
3. Machen Sie einen Schritt und ermutigen Sie Ihren tierischen Mitspieler dazu, wieder zwischen Ihren Beinen hindurchzugehen.
4. Wiederholen Sie den Vorgang und erhöhen Sie allmählich das Tempo, sobald Ihr Hund versteht, was zu tun ist.

Der Zirkel

Ihr Hund dreht sich im Kreis, während er auf seinen Hinterbeinen steht.

1. Dies ist eine fortgeschrittene Übung, die gute Balance erfordert. Beginnen Sie damit, Ihren Hund dazu zu ermutigen, sich auf die Hinterbeine zu erheben, indem Sie ein Leckerli über seinen Kopf halten.
2. Führen Sie das Leckerli langsam in einem Kreis über seinen Kopf, um ihn zu einer Drehung zu animieren.
3. Unterstützen Sie Ihren Akrobaten bei Bedarf sanft an der Taille, um ihm bei der Balance zu helfen.
4. Loben und belohnen Sie jeden kleinen Fortschritt.

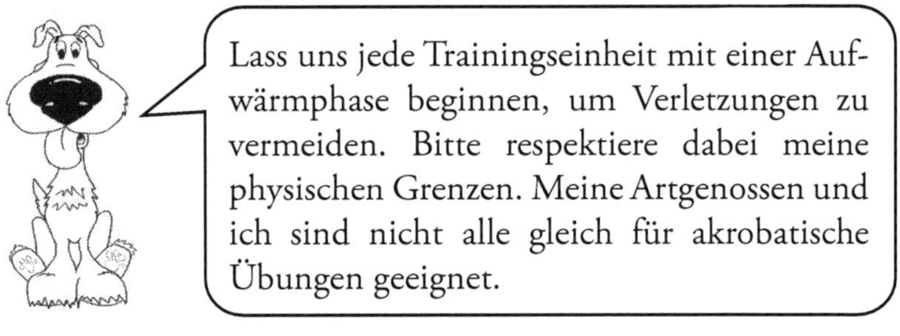

112 Reizangel

Das Spiel mit der Reizangel ist eine beliebte und spannende Aktivität, die den Jagdinstinkt Ihres Hundes auf sichere und kontrollierte Weise stimuliert.

1. Kaufen oder bauen Sie eine Reizangel, die aus einem langen Stab mit einer Schnur besteht, an deren Ende ein Spielzeug oder ein Lockmittel befestigt ist.

2. Lassen Sie Ihren Hund zunächst die Reizangel und das daran befestigte Spielzeug beschnuppern, um eventuelle Ängste oder Unsicherheiten abzubauen.
3. Wählen Sie einen weiten, offenen und sicheren Bereich, vorzugsweise mit weichem Untergrund wie Gras, um Verletzungen beim schnellen Laufen oder abrupten Stoppen zu vermeiden.
4. Bewegen Sie die Reizangel langsam auf dem Boden, um das Interesse Ihres Vierbeiners zu wecken. Die natürlichen Instinkte werden ihn dazu bringen, dem Lockmittel zu folgen.
5. Beginnen Sie, die Reizangel in verschiedene Richtungen wegzuziehen. Halten Sie die Bewegungen zunächst einfach und vorhersehbar.
6. Steigern Sie allmählich die Geschwindigkeit und führen Sie unvorhersehbare Bewegungen ein, wie plötzliche Richtungswechsel oder das Hochschwingen der Angel, um das Spiel spannender zu gestalten.
7. Es ist wichtig, das Spiel jederzeit unter Kontrolle zu haben, um Überanstrengung und Verletzungen zu vermeiden. Achten Sie darauf, dass Ihr Zögling nicht übermäßig erregt wird.
8. Verringern Sie zum Ende des Spiels die Intensität und die Geschwindigkeit der Bewegungen, um den Erregungszustand Ihres Hundes langsam zu reduzieren.
9. Nachdem Sie die Reizangel weggelegt haben, geben Sie Ihrem tierischen Mitspieler eine Belohnung und verbringen Sie etwas ruhige Zeit mit ihm, um zu signalisieren, dass das Spiel vorbei ist.

113 Interaktives Futterfangen

Verwenden Sie eine Futterkanone oder ein ähnliches Spielzeug, das Trockenfutter oder kleine Leckerlis in die Luft schießt. Ihr Hund muss aufmerksam sein und schnell reagieren, um die fliegenden Leckerlis zu fangen, was seine Reaktionsfähigkeit und Koordination schult.

114 DIY-Zugspiel

Konstruieren Sie ein einfaches Zugspiel, indem Sie einen sicheren Gegenstand am Ende eines robusten Seils befestigen, beispielsweise einen großen, schweren Ball. Ihr Hund muss dann versuchen, den Ball durch Ziehen am Seil zu bewegen, was seine Kraft und Ausdauer trainiert.

Mittelgroße Rassen aktiv halten

Die Vielseitigkeit mittelgroßer Rassen erlaubt es ihnen, an einer Vielzahl von Aktivitäten teilzunehmen, von längeren Wanderungen über Schwimmen bis hin zu Fahrradfahren und Canicross. Weitere mögliche Aktivitäten sind:

115 Spielsachen sortieren

Spielsachen sortieren ist eine unterhaltsame und lehrreiche Aktivität, die die geistigen Fähigkeiten Ihres Hundes fordert und fördert. Es lehrt ihn, seine Spielsachen nach bestimmten Kriterien zu sortieren, was nicht nur zur geistigen Stimulation beiträgt, sondern auch seine Fähigkeit zur Problemlösung verbessert.

1. Wählen Sie einige Spielsachen Ihres Hundes aus, die sich deutlich voneinander unterscheiden, sei es in Farbe, Form oder Größe. Idealerweise sollten es Gegenstände sein, mit denen Ihr Vierbeiner bereits vertraut ist.
2. Beginnen Sie mit zwei einfachen Kategorien. Zum Beispiel können Sie eine Kategorie für Bälle und eine für Plüschtiere festlegen. Platzieren Sie ein Beispiel für jede Kategorie an unterschiedlichen Orten im Raum.
3. Nehmen Sie ein weiteres Spielzeug und führen Sie es deutlich einer der beiden Kategorien zu, indem Sie es zu dem entsprechenden Haufen bringen. Loben Sie Ihren Hund, wenn er Interesse zeigt, und verwenden Sie ein spezifisches Kommando oder einen Namen für jede Kategorie, um die Assoziation zu verstärken.
4. Geben Sie Ihrem Tier ein Spielzeug und ermutigen Sie es, es zu einem der beiden Haufen zu bringen. Dies kann anfangs durch direkte Führung oder durch Zeigen erfolgen. Belohnen Sie es, wenn es das Spielzeug korrekt zuordnet.
5. Wenn Ihr Tier beginnt, die Grundidee zu verstehen, erhöhen Sie allmählich die Schwierigkeit, indem Sie mehr Kategorien oder ähnlichere Spielsachen hinzufügen.

116 Gib Laut

Wie wäre es, wenn Ihr Hund auf Kommando bellt? Sie können Ihrem Vierbeiner beibringen, auf Kommando zu bellen oder ein bestimmtes Geräusch zu machen. Dies kann nicht nur als Teil eines unterhaltsamen Tricks dienen, sondern auch praktische Anwendungen haben, wie zum Beispiel, um Hilfe zu rufen oder Teil eines Wachhundetrainings zu werden.

1. Finden Sie zuerst heraus, was Ihren Hund zum Bellen bringt. Das kann ein bestimmtes Spielzeug, das Klingeln der Türklingel oder das Sehen eines anderen Hundes sein. Auch Frustbellen ist bekannt, wenn Sie beispielsweise sein Lieblingsspielzeug nicht hergeben.
2. Nutzen Sie diesen Auslöser, um das Interesse Ihres Tieres zu wecken. Halten Sie das Spielzeug in Sichtweite oder simulieren Sie das Klingeln der Türklingel, aber verhindern Sie zunächst, dass Ihr Vierbeiner das Objekt seiner Aufmerksamkeit erreicht.
3. Sobald Ihr Hund zu bellen beginnt, sagen Sie deutlich das Kommando Gib Laut oder ein anderes gewähltes Signalwort. Es ist wichtig, das Kommando genau in dem Moment zu sagen, in dem Ihr Zögling bellt, um die Verbindung zwischen dem Bellen und dem Kommando herzustellen.
4. Geben Sie Ihrem Hund sofort eine Belohnung, wenn er bellt, nachdem Sie das Kommando gegeben haben.
5. Wiederholen Sie den Vorgang mehrmals, um die Verbindung zwischen dem Kommando und dem Bellen zu festigen. Mit der Zeit sollte Ihr Vierbeiner beginnen zu bellen, sobald er das Kommando hört, auch ohne den ursprünglichen Auslöser.
6. Beginnen Sie, das Kommando in unterschiedlichen Situationen zu testen, um sicherzustellen, dass Ihr Hund das Bellen nicht nur mit dem ursprünglichen Auslöser verbindet.
7. Ein Stopp-Kommando hilft dabei, dass Ihr Hund nicht unkontrolliert bellt. Üben Sie dies, indem Sie Ihrem Hund das Kommando geben, wenn er bellt, und ihn belohnen, sobald er aufhört zu bellen.

117 Zeitungsbote

Wer kennt das klassische Bild nicht, bei dem ein Hund seinen Halter mit der morgendlichen Zeitung überrascht? Ebendies können Sie Ihrem Vierbeiner auch antrainieren.

1. Halten Sie eine alte Zeitung vor Ihren Hund und lassen Sie ihn daran schnüffeln.
2. Geben Sie das Kommando Nimm. Wenn er die Zeitung in sein Maul nimmt, loben Sie ihn und geben Sie ihm ein Leckerli.
3. Ermutigen Sie Ihren Vierbeiner dazu, die Zeitung zu Ihnen zu tragen, indem Sie rückwärtsgehen und ihn mit Ihrer Stimme und Gesten locken. Belohnen Sie ihn, sobald er zu Ihnen kommt.
4. Wenn Ihr Hund die Zeitung zu Ihnen gebracht hat, geben Sie das Kommando für das Loslassen und tauschen Sie die Zeitung gegen ein Leckerli aus. Dies lehrt ihn, dass das Abgeben des Objekts belohnt wird.
5. Legen Sie einen Startpunkt fest, an dem die Zeitung platziert wird. Führen Sie Ihr Tier zu diesem Punkt und geben Sie das Kommando Nimm.
6. Gehen Sie zu einem vorher festgelegten Ziel, beispielsweise einem Korb oder einer spezifischen Person, und ermutigen Sie Ihren Hund, Ihnen zu folgen und die Zeitung dort abzulegen.
7. Sobald Ihr cleverer Vierbeiner verstanden hat, was von ihm erwartet wird, können Sie die Distanz schrittweise erhöhen.
8. Trainieren Sie Ihren Hund, die Zeitung an einem bestimmten Ort abzulegen, indem Sie ihn mit Leckerlis oder Lob belohnen, sobald er die Aufgabe erfolgreich erfüllt hat.

118 Die Glocke läuten

Bringen Sie Ihrem Hund bei, eine Glocke mit der Nase oder Pfote zu läuten, um etwas zu signalisieren, z. B. als Zeichen, dass er nach draußen muss oder dass er spielen möchte. Dies fördert die Kommunikation.

119 Hindernislauf im Dunkeln

Dieses ungewöhnliche Spiel bietet eine spannende Abwechslung zum Alltag. Schaffen Sie einen einfachen Hindernisparcours und führen Sie Ihren Hund mit einer Taschenlampe oder leuchtenden Spielzeugen im Dunkeln hindurch. Dies stärkt das Vertrauen Ihres Hundes in Sie und fördert seine Fähigkeit, Anweisungen zu folgen.

Herausforderungen für große Rassen

Große Hunderassen eignen sich besonders gut für Zug- und Kraftsportarten, sind treue Begleiter auf langen Wanderungen und können in Schutz-, Such- und Rettungsdiensten ausgebildet werden. Ihre körperliche Stärke und Ausdauer prädestinieren sie für physisch anspruchsvolle Aufgaben. Doch gerade bei großen Rassen ist es entscheidend, junge Tiere nicht zu überanstrengen und auf Anzeichen von Herz-Kreislauf-Erkrankungen oder Gelenkproblemen zu achten. Sportliche Aktivitäten sollten daher sorgfältig ausgewählt und an die individuellen Bedürfnisse des Hundes angepasst werden.

120 Dryland Mushing

Dies ist eine Form des Hundesports, bei der das traditionell auf Schnee praktizierte Hundeschlittenfahren an trockene Untergründe wie Waldwege, Feldwege oder sogar asphaltierte Straßen angepasst wurde. Anstelle eines Schlittens werden verschiedene Arten von Wagen, Trolleys, Scootern oder sogar Fahrrädern verwendet, je nachdem, wie viele Hunde beteiligt sind und welche Geschwindigkeiten erreicht werden sollen.

1. Wählen Sie eine für Dryland Mushing geeignete Zugvorrichtung aus, wie z. B. einen speziellen Mushing-Scooter, einen dreirädrigen Wagen (Rig) oder für leichtere Anwendungen ein Mountainbike (Bikejöring). Ihr Vierbeiner benötigt ein speziell angefertigtes Zuggeschirr, das den Zugkräften standhält und den Druck gleichmäßig über seinen Körper verteilt. Darüber hinaus ist eine elastische Zugleine wesentlich, ebenso wie Schutzkleidung für Sie selbst.
2. Bevor Sie mit dem eigentlichen Mushing beginnen, sollte Ihr Hund grundlegende Kommandos beherrschen, einschließlich Richtungsanweisungen wie Links, Rechts, Stopp und Vorwärts.
3. Gewöhnen Sie Ihre tierische Sportskanone schrittweise an das Zuggeschirr und die Zugvorrichtung, bevor Sie mit dem eigentlichen Ziehen beginnen.
4. Beginnen Sie mit kurzen Strecken auf ebenem, sicherem Gelände, um Ihrem Hund das Gefühl für das Ziehen zu geben. Belohnen Sie ihn für seine Mitarbeit und seinen Gehorsam.
5. Allmählich können Sie die Distanz und später auch die Geschwindigkeit erhöhen, abhängig von der Kondition und dem Enthusiasmus Ihres Tieres.

6. Wenn Sie mehrere Hunde haben, können Sie das Teamwork durch das gleichzeitige Ziehen trainieren. Dies erfordert zusätzliches Training, um sicherzustellen, dass alle Hunde die Kommandos befolgen und synchron arbeiten.
7. Variieren Sie das Terrain, um die Fähigkeiten Ihres Hundes weiterzuentwickeln und ihn auf unterschiedliche Bedingungen vorzubereiten.

121 Großformatige Puzzle-Spiele

Nutzen Sie großformatige Puzzle-Spielzeuge, die für große Hunde geeignet sind, oder kreieren Sie selbst ein großes Puzzle, indem Sie Leckerlis unter mehreren umgedrehten Blumentöpfen verstecken. Ihr Hund muss lernen, die Töpfe anzuheben oder umzustoßen, um an die Belohnungen zu gelangen.

122 Großes Tauziehen

Verwenden Sie ein extra langes und robustes Tau für ein Tauziehspiel, das auch mehrere Familienmitglieder einbeziehen kann. Dies stärkt das Teamgefühl und ermöglicht Ihrem Hund, seine Kraft auf eine kontrollierte und spielerische Weise einzusetzen.

123 Ausbildung zum Rettungshund

Die Ausbildung zum Rettungshund ist ein anspruchsvoller Prozess, der darauf abzielt, Hunde zu trainieren, um Menschen in verschiedenen Notsituationen zu suchen und zu retten. Dies kann die Suche nach Vermissten in Wildnisgebieten, das Auffinden von

Verschütteten nach Naturkatastrophen oder das Aufspüren von Personen in Trümmern nach Einstürzen umfassen.

Rettungshunde müssen über eine hohe Motivation, gute Gesundheit, eine ausgezeichnete körperliche Verfassung und ein stabiles Temperament verfügen. Dementsprechend eignen sich nicht alle Hunde. Potenzielle Rettungshunde werden sorgfältig auf ihre Eignung hin bewertet, einschließlich ihrer Lernfähigkeit, ihres Geruchssinns, ihrer sozialen Verträglichkeit und ihrer Reaktion auf unbekannte Situationen.

7

Hundespiele für besondere Bedürfnisse

Hunde, genau wie Menschen, können eine Vielzahl von Einschränkungen und besonderen Bedürfnissen haben, die von physischen Beeinträchtigungen bis hin zu emotionalen und verhaltensbedingten Herausforderungen reichen. Diese können angeboren sein oder sich im Laufe des Lebens durch Unfälle, Krankheiten oder traumatische Erfahrungen entwickeln.

Physische Einschränkungen bei Hunden können von leichten Bewegungseinschränkungen bis hin zu gravierenden Behinderungen reichen, etwa Blindheit, Taubheit, Amputationen oder chronischen Erkrankungen wie Arthritis. Für diese Vierbeiner sind Spiele wichtig, die ihre Fähigkeiten berücksichtigen und fördern, ohne sie zu überfordern oder Schmerzen zu verursachen. Zum Beispiel können für blinde Hunde Geruchsspiele besonders bereichernd sein, während für taube Hunde visuelle Signale und Berührung bei der Kommunikation und beim Spiel eine zentrale Rolle spielen.

Neben den physischen gibt es auch emotionale und verhaltensbedingte besondere Bedürfnisse. Sensible und ängstliche Tiere, vielleicht aufgrund von schlechten Erfahrungen in der Vergangenheit oder einer natürlichen Scheu, benötigen Spiele, die Sicherheit und Vertrauen fördern. Solche Aktivitäten sollten darauf abzielen, Stress und Angst zu reduzieren, indem sie eine ruhige und kontrollierte Umgebung bieten. Die Verwendung von beruhigenden Stimmen, langsamen Bewegungen und der schrittweisen Einführung neuer Spielelemente kann diesen Hunden helfen, Vertrauen zu fassen und sich in ihrer Umgebung sicherer zu fühlen.

In diesem Kapitel werden wir eine Reihe von Spielen und Aktivitäten vorstellen, die speziell darauf ausgelegt sind, die einzigartigen Bedürfnisse von Hunden mit Einschränkungen zu berücksichtigen.

Spiele für Hunde mit Einschränkungen

Viele Hunde in Europa leiden unter körperlichen Einschränkungen. Besonders häufig sind bei großen Rassen Gelenkerkrankungen wie Arthrose, Ellenbogen- und Hüftdysplasie. Sie alle führen zu Schmerzen und einer eingeschränkten Beweglichkeit. Weitere Probleme sind Übergewicht, Zahnerkrankungen, Herzkrankheiten, Nierenerkrankungen sowie Hör- und Sehverlust. Besonders bei den zuerst genannten Problematiken ist es wichtig, Ihren Hund sanft zu Bewegung zu ermutigen, um seine Muskulatur zu stärken und zu dehnen sowie Übergewicht abzubauen.

Übergewicht begünstigt Gelenk- und Herzprobleme und vieles mehr. Achte daher darauf, mir passendes, gesundes Futter zu geben. Vielleicht brauche ich auch etwas Motivation, mehr Sport zu treiben, um weitere Einschränkungen zu vermeiden.

124 Intuitive Kunst

Bieten Sie Ihrem Hund eine Möglichkeit, seine Kreativität auf nicht-traditionelle Weise auszudrücken. Einige genießen es, mit ungiftigen, haustiersicheren Farben auf einem großen Papierbogen, der auf dem Boden ausgelegt ist, zu malen, indem sie darauf herumlaufen oder sogar mit der Nase oder den Pfoten Farbe auftragen. Hier bietet sich eine Malstunde mit der ganzen Familie an.

125 Haushaltshilfe

Das Spiel Haushaltshilfe ist eine kreative und praktische Weise, Ihren Hund in alltägliche Aufgaben einzubinden und gleichzeitig sein Gehirn zu fordern. Dieses Spiel macht nicht nur Spaß, sondern vermittelt Ihrem Tier auch das Gefühl, ein geschätztes Mitglied des Haushalts zu sein, indem es bei alltäglichen Aufgaben hilft. Es ist eine wunderbare Möglichkeit, die kognitiven und physischen Fähigkeiten Ihres Hundes zu fördern, während Sie gemeinsam produktive Zeit verbringen.

1. Beginnen Sie mit einfachen Aufgaben, die Ihrem Vierbeiner leichtfallen. Das kann das Ausziehen Ihrer Socken oder das Bringen von Hausschuhen sein. Wählen Sie Aufgaben, die sicher für Ihren Hund sind und seinem körperlichen Vermögen entsprechen.
2. Verbinden Sie jede Aufgabe mit einem spezifischen Kommando. Zum Beispiel könnte Aufräumen bedeuten, dass Ihr Zögling Spielzeug in seine Kiste legt, während Schuhe das Bringen Ihrer Hausschuhe signalisiert.

3. Helfen Sie Ihrem Hund anfangs bei den Aufgaben, indem Sie das Spielzeug oder den Gegenstand leicht anheben und ihm zeigen, wo er hingebracht werden soll. Belohnen Sie jeden Versuch, auch wenn er nicht perfekt ist, um das Interesse und die Motivation Ihres Tieres aufrechtzuerhalten.
4. Wiederholen Sie die Übungen regelmäßig in kurzen, positiven Trainingseinheiten. Mit der Zeit und mit genügend Wiederholung wird Ihr Hund lernen, die Aufgaben selbstständig und auf Kommando auszuführen.
5. Sobald Ihr Hund die Grundlagen beherrscht, können Sie allmählich komplexere Aufgaben einführen, wie das Schließen von Türen mit der Nase oder das Helfen beim Wäschesammeln. Achten Sie immer darauf, die Sicherheit Ihres Hundes zu gewährleisten und ihn nicht zu überfordern.

126 Bewegung im Wasser

Schwimmen ist bei Gelenkerkrankungen und Übergewicht für Hunde besonders vorteilhaft, da es eine Form der Bewegung bietet, welche die Gelenke kaum belastet. Durch den Auftrieb im Wasser wird das Körpergewicht getragen, wodurch Schmerzen von erkrankten oder überlasteten Gelenken minimiert werden. Gleichzeitig ist das Schwimmen eine effektive kardiovaskuläre Übung, die zur Gewichtsreduktion beitragen kann. Diese sanfte, aber wirkungsvolle Aktivität stärkt die Muskeln und fördert die Beweglichkeit, was insgesamt das Wohlbefinden und die Lebensqualität verbessert. Mit einer Schwimmweste entlasten Sie Ihren Vierbeiner und erhöhen seinen Spaß im kühlen Nass.

127 Dehnungen und Massage

Hunde mit Dysplasie und anderen Leiden, insbesondere Hüft- oder Ellenbogendysplasie, können von sanften Dehnungsübungen profitieren, um Schmerzen zu lindern und die Beweglichkeit zu verbessern. Diese Übungen sollten jedoch immer vorsichtig durchgeführt werden und idealerweise unter Anleitung eines Tierphysiotherapeuten oder eines erfahrenen Tierarztes stattfinden.

Durch die sanfte Berührung einer Massage werden die Durchblutung und Lymphzirkulation gefördert, was zu einer verbesserten Gesundheit und Vitalität beitragen kann. Massagen helfen zudem, Muskelverspannungen und -schmerzen zu lindern, was besonders bei älteren Hunden oder solchen mit Arthritis von großer Bedeutung ist. Darüber hinaus kann eine regelmäßige Massage Stress und Ängste bei Hunden reduzieren, indem sie ein Gefühl von Sicherheit und Wohlbefinden vermittelt. Nicht zuletzt dient sie als wertvolles Werkzeug zur Stärkung der Vertrauensbeziehung.

128 Passive Beugung und Streckung

Beugung: Halten Sie das Hinterbein Ihres Hundes nahe an seinem Körper und beugen Sie das Gelenk sanft, indem Sie den Fuß in Richtung des Körpers ziehen.

Streckung: Führen Sie das Bein zurück in eine gestreckte Position. Achten Sie darauf, es nicht zu überstrecken.

129 Kniebeugen für Hunde

Unterstützen Sie Ihren Hund von hinten unter dem Bauch und ermutigen Sie ihn, langsam in eine Sitzposition zu gehen und dann wieder in die Stehposition zurückzukehren. Diese Bewegung sollte sehr vorsichtig ausgeführt werden, um die Hüftgelenke nicht zu überlasten.

130 Seitliches Beinheben

Heben Sie vorsichtig ein Hinterbein Ihres Zöglings seitlich vom Körper weg, halten Sie die Position für ein paar Sekunden und setzen Sie es wieder ab. Wiederholen Sie die Übung auf der anderen Seite. Indem Sie eine Hand unter seinen Bauch legen, unterstützen Sie Ihren Hund bei dieser Übung und helfen ihm bei der Balance.

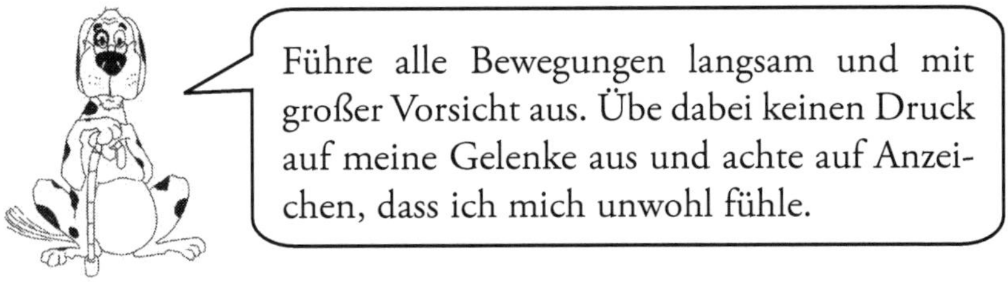

131 Hoch-und-tief-Suchspiel

Verstecken Sie Leckerlis in unterschiedlichen Höhen, sodass Ihr Vierbeiner lernen muss, auf allen Ebenen zu suchen. Hohe und tiefe Positionen verleiten Ihr Tier zum Dehnen, was vorteilhaft sein kann. Beachten Sie aber, dass es körperlich eingeschränkten Hunden häufig schwerfällt, mit dem Kopf bis zum Boden zu kommen.

Du kannst mich unterstützen, indem du mir mein Futter auf der Höhe meiner Oberschenkel servierst. So muss ich nicht in unbequemer Position fressen.

132 Verkleidungs-Spaß

Während dies kein traditionelles Spiel ist, kann das Schmücken mit diversen Verkleidungen oder Accessoires, wie leichten Halsbändern, Bandanas oder nicht-einschränkenden Kostümen, den Alltag eines Hundes bereichern und ihm dabei helfen, sich an unterschiedliche Situationen und Gegenstände zu gewöhnen. Es kann helfen, die kognitiven Fähigkeiten älterer Tiere zu erhalten, indem es sie ermutigt, auf neue Reize zu reagieren und ihre Neugier zu bewahren. Zugleich haben Sie, Ihr Vierbeiner und vielleicht auch der Rest Ihrer Familie Spaß beim gemeinsamen Verkleiden.

133 Kurze Spaziergänge auf weichem Boden

Auch wenn die körperliche Ausdauer nachgelassen hat, schätzen viele Hunde immer noch kurze Spaziergänge auf weichem Untergrund wie Gras. Diese helfen zudem dabei, Muskeln aufzubauen und gelenkig zu bleiben. Variieren Sie die Routen, um neue Gerüche und Umgebungen zu bieten. Dies hält die Spaziergänge interessant und stimuliert den Geist Ihres Vierbeiners, ohne ihn körperlich zu überfordern. Bauen Sie gerne diverse Spielideen wie Schnüffelspiele, Freeze oder leichte Dehnübungen ins Gassigehen ein.

Eine gute Regel bei körperlichen Einschränkungen ist: viele kurze Einheiten mit genügend Pausen.

134 Berührungs-Empfindlichkeitstraining

Dies ist eine hervorragende Möglichkeit, die mentale und physische Geschicklichkeit Ihres Hundes zu verbessern. Darüber hinaus fördert es die mentale Stimulation. Das Hauptziel ist es, Ihrem Tier beizubringen, auf leichte Berührungen zu reagieren, indem es lernt, eine spezielle Matte oder einen Gegenstand mit seiner Pfote oder Nase sanft zu berühren.

1. Führen Sie Ihren Hund zum Zielgegenstand, beispielsweise einer Matte oder einem Eimer, und warten Sie ab, wie er darauf reagiert. Sobald er sich dem Gegenstand annähert, loben Sie ihn. Wenn er den Gegenstand mit Nase oder Pfote berührt, nennen Sie das Kommando und loben ihn erneut. Wiederholen Sie diesen Vorgang.
2. Ermutigen Sie Ihren Hund, das Objekt eigenständig zu berühren, indem Sie das Kommando verwenden und ihn mit einem Leckerli oder einer Handbewegung locken. Anfangs kann es hilfreich sein, das Leckerli nahe am Zielgegenstand zu platzieren.
3. Sobald Ihre Fellnase gelernt hat, den Gegenstand bei Aufforderung zu berühren, erhöhen Sie allmählich die Schwierigkeit. Dies kann bedeuten, dass Sie den Gegenstand in verschiedenen Positionen platzieren, die Entfernung erhöhen oder sogar

verlangen, dass der Hund mehrere Berührungen hintereinander ausführt, bevor er belohnt wird.

4. Erweitern Sie das Target-Training, indem Sie unterschiedliche Oberflächen einführen. Dies hilft, die Empfindlichkeit und die Fähigkeit Ihres Tieres zu fördern, auf verschiedene Texturen zu reagieren.

135 Pfoten waschen

Das Spiel Pfoten waschen ist eine unterhaltsame und gleichzeitig praktische Aktivität, die darauf abzielt, Ihren Hund sanft daran zu gewöhnen, dass seine Pfoten gereinigt werden. Dies ist besonders nützlich nach Spaziergängen im Regen, Schnee oder auf schmutzigem Untergrund. Durch das Spiel wird die notwendige Pfotenpflege zu einem positiven und stressfreien Erlebnis.

1. Sie benötigen eine Schüssel mit warmem Wasser, ein Handtuch und eventuell eine hundefreundliche Seife. Halten Sie auch einige Leckerlis bereit.
2. Suchen Sie sich einen ruhigen Ort, an dem Ihr Tier sich entspannt fühlt.
3. Lassen Sie Ihren Vierbeiner die Schüssel mit Wasser und das Handtuch beschnüffeln und erkunden und geben Sie ihm einen Leckerbissen.
4. Tauchen Sie vorsichtig eine seiner Pfoten in die Schüssel mit warmem Wasser ein.
5. Nach jeder erfolgreichen Berührung und jedem Eintauchen belohnen Sie Ihre Fellnase mit einem Leckerli und loben sie.
6. Wenn Ihr Hund sich mit dem Wasser wohlfühlt, können Sie beginnen, seine Pfoten sanft mit Ihren Händen oder einem

weichen Tuch zu reinigen. Bei Bedarf können Sie eine kleine Menge hundefreundlicher Seife verwenden.

7. Nachdem Sie die Pfoten Ihres Lieblings gereinigt haben, trocknen Sie sie sanft mit einem Handtuch ab und geben Sie weiterhin Leckerlis. Sparen Sie nicht mit Lob.

Berücksichtigung von Ängsten und Sensibilitäten

Für ängstliche und sensible Hunde sind Spiele, die Sicherheit und Vertrauen fördern, ohne sie zu überfordern, besonders wichtig. Dabei sollten die Spiele jeweils in einem sicheren und bekannten Umfeld stattfinden und zuerst besonders einfach gehalten werden, damit Ihr Vierbeiner Erfolgserlebnisse hat und sein Selbstvertrauen gestärkt wird.

136 Aromatherapie

Während dies mehr eine entspannende Aktivität als ein Spiel ist, kann die Einführung von verschiedenen hundefreundlichen Düften eine beruhigende Wirkung auf Hund und Halter haben. Untersuchungen zeigen, dass bestimmte Aromen wie Lavendel Stress reduzieren und das allgemeine Wohlbefinden verbessern können.

137 Clicker-Training

Das Clicker-Training ist eine positive Verstärkungsmethode, die ein klares Signal (den Click) verwendet, um erwünschtes Verhalten sofort zu belohnen. Für ängstliche Hunde kann dieses Training besonders hilfreich sein, um ihnen auf sanfte Weise neue Verhaltensweisen beizubringen und gleichzeitig ihr Selbstvertrauen zu stärken. Beginnen Sie mit einfachen Kommandos oder Aktionen und belohnen Sie jede erfolgreiche Ausführung.

138 Versteckte Geräusche

Erstellen Sie eine Audio-Playlist mit verschiedenen Alltagsgeräuschen in niedriger Lautstärke und spielen Sie diese während der entspannten Zeit Ihres Hundes ab. Beginnen Sie mit leisen Geräuschen und steigern Sie allmählich die Lautstärke, um Ihren Vierbeiner an verschiedene Geräusche zu gewöhnen und seine Angst zu reduzieren.

139 Objekt-Erkundungsspiele

Stellen Sie Ihrem Hund neue Objekte in einer sicheren Umgebung vor, um seine Neugier zu wecken und Ängste abzubauen. Beginnen Sie mit unbedrohlichen Gegenständen wie Kartons, Regenschirmen oder weichen Spielzeugen. Ermutigen und belohnen Sie Ihren Hund, wenn er sich entscheidet, die Objekte zu erkunden. Gehen Sie selbst als Vorbild, als Alphatier entspannt auf die Objekte zu und zeigen Sie Ihrem Hund, dass von ihnen keinerlei Gefahr ausgeht.

140 Doga – Yoga für Hunde

Doga, eine Kombination aus Yoga für den Hundehalter und sanften Dehnübungen für den Hund, kann eine beruhigende Wirkung auf ängstliche Tiere haben. Durch die ruhige und positive

Atmosphäre lernt Ihr Vierbeiner, sich zu entspannen und gleichzeitig die Bindung zu Ihnen zu stärken.

141 Entspannte Spaziergänge

Gehen Sie mit Ihrem Hund an ruhigen Orten spazieren, wo er neue Gerüche und Umgebungen in seinem eigenen Tempo erkunden kann. Vermeiden Sie überfüllte oder laute Orte, die Stress auslösen könnten.

142 Musik oder beruhigende Klänge

Sanfte Musik kann beruhigend auf Hunde wirken. Kombinieren Sie Musik mit Entspannungsübungen, wie sanftem Streicheln oder leichter Massage, um Ihrem Vierbeiner zu helfen, sich zu entspannen und Stress abzubauen.

Für manche Tiere kann das Abspielen von beruhigender Musik oder speziellen Hundeberuhigungsklängen eine Form der Selbstbeschäftigung sein. Es kann helfen, Trennungsangst zu verringern und eine beruhigende Umgebung zu schaffen. Dementsprechend können bekannte und positiv angenommene Musikstücke auch in Ihrer Abwesenheit laufen, um das Wohlbefinden Ihres Vierbeiners zu erhöhen.

143 Sanfte Berührungsübungen

Ähnlich wie Berührungsspiele können sanfte Berührungsübungen als eine Form der physikalischen Therapie dienen. Verwenden Sie eine weiche Bürste oder Ihre Hände, um Ihren Hund sanft zu massieren. Konzentrieren Sie sich auf Bereiche, die ihm Wohlbefinden vermitteln. Dies fördert die Durchblutung und bietet gleichzeitig eine beruhigende sensorische Erfahrung.

144 Beruhigendes Ziehspiel

Engagieren Sie sich in einem sehr sanften Tauziehspiel, wobei Sie darauf achten, die Zugstärke an die des Hundes anzupassen. Lassen Sie Ihren Hund gewinnen, um sein Selbstvertrauen zu stärken. Wählen Sie ein weiches Spielzeug, um die Erfahrung angenehm zu gestalten.

145 Entspannungsübungen

Integrieren Sie Entspannungsübungen in das tägliche Spiel, indem Sie Ihrem Hund beibringen, sich auf ein Signal hin zu entspannen und ruhig zu liegen. Dies kann eine beruhigende Wirkung auf sensible Vierbeiner haben und ihnen helfen, besser mit Stress umzugehen. Im Falle einer anstrengenden Situation nennen Sie dann das Kommando, sodass sich Ihre Fellnase automatisch bewusst entspannt.

Integration von mehreren Hunden mit unterschiedlichen Bedürfnissen

Die Integration von mehreren Hunden mit unterschiedlichen Bedürfnissen in gemeinsame Spiel- und Trainingsaktivitäten stellt eine Herausforderung dar, die jedoch mit bedachter Planung und Anpassung erfolgreich gemeistert werden kann. Ein Schlüsselaspekt ist das Verständnis und die Berücksichtigung der individuellen Bedürfnisse jedes Hundes, seien sie physischer, emotionaler oder verhaltensbedingter Natur. Einige benötigen vielleicht sanfte, ruhige Aktivitäten aufgrund von Angst oder Sensibilität, während andere, vielleicht aufgrund von Überschussenergie oder einem starken Spieltrieb, nach mehr körperlicher Betätigung verlangen. Wiederum andere könnten aufgrund von körperlichen Einschränkungen wie Blindheit, Taubheit oder Bewegungseinschränkungen spezielle Anpassungen benötigen.

146 Parcours mit menschlichen Hürden

Dieser interaktive Parcours basiert auf der Grundidee des Einsatzes von Menschen als lebenden Hindernissen, die ihre Hunde auf kreative Weise überwinden, und ähnelt manchen spielerischen Aktivitäten in der Kindererziehung. Da Sie selbst das Hindernis sind, können Sie dessen Schwierigkeit und Höhe jeweils an die individuellen Bedürfnisse Ihres Hundes anpassen. Dieses Spiel ist auch mit mehreren Personen durchführbar, die sich als Hindernisse positionieren.

1. Ihr Vierbeiner sollte mit grundlegenden Befehlen vertraut sein.
2. Starten Sie mit einfachen Hindernissen, wie dem Durchkriechen zwischen den Beinen oder dem langsamen Übersteigen eines ausgestreckten Arms, um das Prinzip des Spiels einzuführen, bevor Sie zu anspruchsvolleren Aufgaben übergehen.
3. Demonstrieren Sie dabei zu Beginn ein einfaches Hindernis, das Ihr Vierbeiner überwinden soll. Gehen Sie beispielsweise in die Hocke und strecken Sie ein Bein aus, über das Ihr Hund gehen soll. Locken Sie ihn mit dem passenden Befehl.
4. Belohnen Sie Ihren Vierbeiner mit einem Leckerli, wenn er das Hindernis erfolgreich gemeistert hat.

5. Sobald Ihr Hund die Grundlagen verstanden hat und die anfänglichen Hindernisse erfolgreich meistert, können Sie die Schwierigkeit schrittweise erhöhen. Dies kann durch komplexere menschliche Formationen, die Kombination verschiedener Bewegungen oder das Einbeziehen von Sprung- und Kriechaufgaben erfolgen.
6. Eine interessante Variante bietet die Einführung von Handzeichen oder nonverbalen Kommandos, um die Aufmerksamkeit und Interpretationsfähigkeit Ihres Tieres zu schärfen.

Dieses Spiel bietet nicht nur eine hervorragende Möglichkeit, die physische Beweglichkeit und die Gehorsamkeit Ihres Hundes zu verbessern, sondern stärkt auch die emotionale Bindung zwischen Ihnen und Ihrem vierbeinigen Begleiter durch gemeinsame Aktivitäten und Erfolgserlebnisse. Darüber hinaus können auch Sie von verschiedenen Positionen profitieren und eine kleine körperliche Trainingseinheit einbauen.

147 Geruchsspiele und Versteckspiele

Um die Bedürfnisse von Hunden mit hoher Energie zu erfüllen, bietet das Verstecken von Leckerlis oder Spielzeug in einem weitläufigen Bereich eine hervorragende Möglichkeit, sie zu motivieren, aktiv ihre Umgebung zu erkunden und ihre Schnüffelfähigkeiten einzusetzen. Auf der anderen Seite profitieren ängstliche Hunde von einer behutsameren Herangehensweise, bei der Gegenstände in einer sicheren und vertrauten Umgebung platziert werden. Dies baut Vertrauen in die Aktivität auf, ohne das Tier zu überfordern. Darüber hinaus ist es wichtig, bei Vierbeinern mit körperlichen Einschränkungen darauf zu achten, dass die Verstecke leicht zugänglich sind. Indem man sicherstellt, dass sie weder springen noch sich tief bücken müssen, ermöglicht man auch diesen Hunden, an der Suche teilzunehmen und Freude an der Aktivität zu finden.

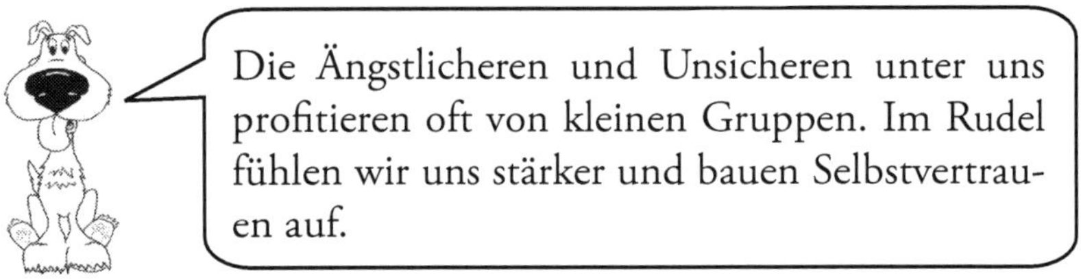

148 Interaktive Futterpuzzles

Futterpuzzles gibt es in verschiedenen Schwierigkeitsgraden und können so ausgewählt werden, dass sie für jeden Hund individuell herausfordernd, aber lösbar sind.
Für ängstliche Tiere können einfache Puzzles verwendet werden, um Erfolgserlebnisse zu schaffen, während für intelligentere oder energiereichere Hunde komplexere Puzzles gewählt werden können.

149 Gemeinsame Lernsessions für neue Tricks

Jeder Hund lernt einen Trick, der seinen Fähigkeiten und Bedürfnissen entspricht. Dies stärkt die Bindung und fördert ein positives Lernumfeld, in dem jeder Hund nach seinen Möglichkeiten gefördert wird; ängstliche Hunde können einfache, beruhigende Befehle lernen, die nicht zu viel Druck auf sie ausüben. Energiereiche Vierbeiner können komplexere Tricks üben, die mehr Konzentration erfordern. Hunde mit physischen Einschränkungen können Tricks lernen, die keine körperliche Anstrengung erfordern.

150 Glücksrad

Dieses Spiel ist ideal für die gesamte Familie geeignet. Kaufen oder basteln Sie ein Glücksrad, das in verschiedene Segmente unterteilt ist. Jedes Segment enthält den Namen eines Spiels (Sie können aus den zahlreichen Spielen in diesem Buch wählen). Achten Sie dabei darauf, dass die Spiele für die unterschiedlichen Bedürfnisse (Alter, Aktivitätsniveau und Temperament) Ihrer Hunde geeignet sind. Spiele können für mehrere Hunde zugleich oder für einzelne passend sein. Jedes Familienmitglied dreht der Reihe nach das Glücksrad und gemeinsam wird das jeweilige Spiel mit den Hunden oder dem Hund, für den das Niveau passend ist, umgesetzt. Dabei sollte ein ausgewogenes Verhältnis beachtet werden, damit jeder Hund ausreichend eingebunden wird.

Schlusswort: Eine Bereicherung für Sie und Ihren Hund

Hundespiele sind eine ideale Beschäftigung für Sie, Ihren Hund und Ihre Kinder beziehungsweise für die ganze Familie. Auf diese Weise können Sie mehrere Fliegen mit einer Klappe schlagen, Bindungen, Sozialkompetenz und Verständnis stärken und gemeinsam eine gute Zeit haben. Werden Sie aktiv und packen Sie es an. Nutzen Sie Ihren vierbeinigen Freund, um mehr Zeit im Freien zu verbringen, und gestalten Sie die gemeinsame Zeit interessanter für alle Beteiligten, statt nur routinemäßig um den Block zu laufen.

Spiele sind nicht nur eine Quelle der Freude und Unterhaltung, sondern sie verkörpern auch eine tiefere Bedeutung in der Beziehung zwischen Ihnen und Ihrem Hund und erweitern den Horizont des familiären Zusammenlebens. Sie bereichern das Leben Ihres vierbeinigen Freundes auf vielfältige Weise, fördern seine geistige und körperliche Gesundheit und stärken die Bindung, die Sie miteinander teilen. Jedes Spiel, ob einfach oder komplex, dient als eine Brücke der Kommunikation und des Verständnisses, die Sie näher zusammenbringt.

Für Hunde aller Größen und mit unterschiedlichsten Bedürfnissen bieten Spiele eine Plattform, um ihre natürlichen Instinkte und Fähigkeiten in einer sicheren und unterstützenden Umgebung auszuleben. Von der Nasenarbeit, die den bemerkenswerten Geruchssinn der Hunde anspricht, über Agility, das ihre körperliche Wendigkeit und Intelligenz herausfordert, bis hin zu ruhigen Denkspielen, die geduldige Problemlösung erfordern – die Vielfalt der Spiele spiegelt die Vielfalt unserer Fellnasen wider.

Sie werden schnell sehen, dass kleine Veränderungen eine große Wirkung auf das Miteinander haben können. Verstecken Sie Leckerlis und Obst im Garten und lassen Sie diese von Ihren Kindern und Ihrem Vierbeiner suchen. Veranstalten Sie eine einfache Schnitzeljagd, bauen Sie gemeinsam einen Parcours oder tanzen Sie mit Ihrem Vierbeiner. Von leichten bis anspruchsvollen Ideen, die sich für einen regnerischen Nachmittag in den heimeligen vier Wänden anbieten, ist in diesem Buch alles enthalten. Probieren Sie es gerne aus und Sie werden schnell feststellen, wie viel Leben in den Alltag kommen kann, wie sich Ihre Kinder und Ihr Vierbeiner freuen und wie diese Motivation auch Sie schnell packen wird.

Durch die Anpassung der Spiele an die individuellen Charakteristika und Bedürfnisse Ihres Hundes – sei es ein energiegeladener Junghund, ein bedächtiger Senior oder ein Vierbeiner mit besonderen Anforderungen – zeigen Sie eine tiefe Empathie und Fürsorge. Dieses maßgeschneiderte Engagement bereichert nicht nur das Leben Ihres Vierbeiners, sondern auch Ihr eigenes, indem es Ihnen unzählige Momente der Freude und des Stolzes schenkt.

Darüber hinaus kann die gesamte Familie in die Spiele einbezogen werden. Spiele mit dem Hund bieten Kindern wertvolle Lektionen in Verantwortung, Mitgefühl und Teamarbeit, während sie gleichzeitig Erwachsenen die Möglichkeit geben, vom stressigen Alltag abzuschalten und einfach im Moment zu leben.

Das Großartige daran ist, dass Sie umso mehr mit Ihrer Fellnase unternehmen können, je mehr Sie miteinander spielen. Auf diese Weise lernen Sie sich richtig kennen, können Grenzen austesten, das Selbstbewusstsein stärken und die Bindung spielend einfach vertiefen. Zugleich werden Sie selbst aktiver und fantasievoller, bewegen sich mehr und bauen, ebenso wie Ihr Hund und Ihre Kinder, überschüssige Energie beim Spielen ab. Dies kann insgesamt zu einem harmonischeren Haushalt und einem fröhlichen Miteinander führen. Schaffen Sie diese Balance, indem Sie Spiele in Ihren Alltag integrieren.

Alles in allem lässt sich sagen, dass Spiele eine fundamentale Rolle im Leben unserer Hunde und in unserer Beziehung zu ihnen spielen. Sie sind Fenster zu ihren Seelen, Wege, ihre Welt zu verstehen, und Brücken, die uns verbinden. Indem wir uns die Zeit nehmen, mit unseren Vierbeinern zu spielen und aktiv in ihre Entwicklung und ihr Wohlbefinden zu investieren, ehren wir ihre Präsenz in unserem Leben und erkennen ihren unermesslichen Wert für unser familiäres Glück an. Spiele sind wahrlich eine Bereicherung – für Sie, Ihren Hund und die ganze Familie.

Quellen

Amo, C. del. (2015). Trainingskarten für Welpen: 50 Spiele und Trainingskarten.

ATM Akademie. Fit mit Physio: Hunde-Senioren beweglich halten. Verfügbar unter: www.atm.de/magazin/fit-mit-physio-hunde-senioren-beweglich-halten

Belcando. Welpenspiele. Verfügbar unter: www.belcando.de/pfotentipps/welpenecke/welpenspiele

Chillax. Hundespiele gegen Stress. Verfügbar unter: chillax.de/blogs/news-1/hundespiele-gegen-stress

Die Pfotenfreunde. (2022). Intelligenzspiele & Denksport für Hunde: Mit Clickertraining zur Hundeerziehung.

Dog It Right Blog. Hund zum Spielen motivieren. Verfügbar unter: blog.dogitright.de/hund-zum-spielen-motivieren

Dogtower. Hundespielzeug für große Hunde. Verfügbar unter: www.dogtower.de/hundespielzeug-grosse-hunde.php

eDogs Magazin. Top 5 Hunde-Spiele für drinnen. Verfügbar unter: www.edogs.de/magazin/hunde-spiele/#Top-5-Hunde-Spiele-fuer-drinnen

Figopet Magazin. Spiele für Welpen. Verfügbar unter: figopet.de/magazin/hund/spiele-fuer-welpen

Futalis. Beschäftigung für ältere Hunde. Verfügbar unter: futalis.de/hunderatgeber/haltung/alltag-mit-hund/beschaeftigung-fuer-aeltere-hunde

GEO. Welpenspiele: Wie Sie die Bindung zu jungen Hunden stärken. Verfügbar unter: www.geo.de/natur/tierwelt/24014-rtkl-haustier-erziehung-welpenspiele-wie-sie-die-bindung-zu-jungen-hunden

Green Petfood. Hundespielzeug selber machen. Verfügbar unter: www.green-petfood.de/articles/hundespielzeug-selber-machen

Haustiermagazin. Physiotherapie für alte Hunde. Verfügbar unter: www.haustiermagazin.com/physiotherapie-fuer-alte-hunde

Herz für Tiere. Denkspiele und Co.: 6 clevere Indoor-Hundespiele. Verfügbar unter: herz-fuer-tiere.de/haustiere/hunde/hunde-erziehung/denkspiele-und-co.-6-clevere-indoor-hunde-spiele

Hey Fiffi. Spiele für Kind und Hund. Verfügbar unter: www.hey-fiffi.com/kind-und-hund/spiele-fuer-kind-und-hund

Hunde-Spiele EU. Verfügbar unter: hunde-spiele.eu

Hundeo. Denkspiele. Verfügbar unter: www.hundeo.com/erziehung/denkspiele

Hundezeitung. Hundekrankengymnastik – oder auch Hundephysiotherapie. Verfügbar unter: www.hundezeitung.de/list/category/17-hunde-physiologie#:~:text=Die%20Hundekrankengymnastik%20%2D%20oder%20auch%20Hundephysiotherapie,vielen%20Jahren%20eine%20etablierte%20Therapieform

Im Herzen Hund. Unsichere Hunde unterstützen. Verfügbar unter: www.imherzenhund.de/unsichere-hunde-unterstuetzen#:~:text=Geeignet%20sind%20Spiele%20aller%20Art,der%20Situation%20auseinander%20zu%20setzen

Josera Ratgeber. Hundespielzeug DIY. Verfügbar unter: www.josera.de/ratgeber/ratgeber-hunde/hundespielzeug-diy.html

Kausnack-Held. Beschäftigung ältere Hunde. Verfügbar unter: www.kausnack-held.de/magazin/beschaeftigung-aeltere-hunde

Kosmos. Physiotherapie für den Hund. Verfügbar unter: www.kosmos.de/de/physiotherapie-fur-den-hund_1174258_9783440174258

LLPhotography. 8 Hundespiele, die jedes Gassi zum Erlebnis machen. Verfügbar unter: www.llphotography.de/8-hundespiele-die-jedes-gassi-zum-erlebnis-machen

LuckyPets. Hundephysiologie – alles, was Sie wissen müssen. Verfügbar unter: www.luckypets.de/tiergesundheit/hundephysiologie-alles-was-sie-wissen-mussen

Martin Rütter DOGS St. Wendel-Kaiserslautern. Welche Spiele oder Beschäftigungsformen mit dem Hund eignen sich für Kinder im Grundschulalter? Verfügbar unter: www.martinruetter.com/stwendel-kaiserslautern/trainingstipps/dogs-trainingstipp/artikel/welche-spiele-oder-beschaeftigungsformen-mit-dem-hund-eignen-sich-fuer-kinder-im-grundschulalter

Meiko. Hund-Intelligenzspiele. Verfügbar unter: www.meiko.ch/hund-intelligenzspiele

Online-Hundepsychologie. Verfügbar unter: online-hundepsychologie.com

PETA Deutschland. Hundespielzeug selber machen. Verfügbar unter: www.peta.de/themen/hundespielzeug-selber-machen

PetOK. Geschicklichkeitsspiele für große Hunde. Verfügbar unter: www.petok.de/hundespielzeug/geschicklichkeitsspiele/hunde-groesse/grosse-hunde

Purina UK. Best Dog Apps. Verfügbar unter: www.purina.co.uk/articles/dogs/behaviour/play/best-dog-apps

Rütter, M. (2014). Hunde beschäftigen mit Martin Rütter: Spiele für jedes Mensch-Hund-Team. München.

SantéVet. Hundephysiotherapie. Verfügbar unter: www.santevet.de/artikel/hund-physiotherapie#:~:text=Zudem%20wird%20die%20Physiotherapie%20bei,Hunde%20sind%20Spondylosen%20oder%20Bandscheibenvorf%C3%A4lle

Schulhund Bildung RP. KoopSpiele mit Hund. Verfügbar unter: schulhund.bildung-rp.de/fileadmin/user_upload/schulhund.bildung-rp.de/UuUESeq-Wolf-KoopSpiele-mit-Hund-2014-11-10-v.pdf

Senior-Hunde. Tolle Spiel-Ideen für alte Hunde. Verfügbar unter: senior-hunde.de/tolle-spiel-ideen-fuer-alte-hunde

Sondermann, C. (2012). Das große Spielebuch für Hunde: Beschäftigungsideen – Spaß im Hundealltag.

Spaß mit Hund. Spieltipps für Hund und Mensch. Verfügbar unter: www.spass-mit-hund.de/spieltipps-fuer-hund-und-mensch

Taetz, A. (2013). Welpen-Spiele-Box: + Futterbeutel für sofortigen Spielspaß (GU Tier-Box). München.

Tales and Tails. Spiele beim Spaziergang. Verfügbar unter: talesandtails.de/blogs/news/spiele-beim-spaziergang

TAPS Kindersport. Beschäftigungsideen für Kind und Hund Zuhause. Verfügbar unter: www.taps-kindersport.de/beschaeftigungsideen-fuer-kind-und-hund-zuhause

Tier-Gesundheitszentrum. Der alte Hund: Mein alter Hund in der Physiotherapie. Verfügbar unter: tier-gesundheitszentrum.com/der-alte-hund-mein-alter-hund-in-der-physiotherapie

Tractive Blog. 5 Spiele für mehr Mut. Verfügbar unter: tractive.com/blog/de/training-de/5-spiele-fuer-mehr-mut

Unique Dog. Hundespielzeug. Verfügbar unter: unique.dog/shop/hunde/hundespielzeug

Wag! Walking. 5 Furrific Mobile Games and Apps for Dogs. Verfügbar unter: wagwalking.com/daily/5-furrific-mobile-games-and-apps-for-dogs#app-for-dog

Wällerfreunde. Spiele für Kind und Hund. Verfügbar unter: www.waellerfreunde.de/Verschiedenes/Spiele-fuer-Kind-und-Hund

Welpenknigge. 9 Denkspiele, die deinen Welpen geistig auslasten werden. Verfügbar unter: welpenknigge.de/erziehung/9-denkspiele-die-deinen-welpen-geistig-auslasten-werden

ZooRoyal Magazin. Beschäftigung für den Hund selber machen. Verfügbar unter: www.zooroyal.de/magazin/hunde/beschaeftigung-fuer-den-hund-selbermachen

Printed in Germany
by Amazon Distribution
GmbH, Leipzig

35411827R00100